"城市轨道交通控制专业"教材编写委员会

主　　任：张惠敏（郑州铁路职业技术学院 系主任 教授）
　　　　　贾　萍（郑州市轨道交通有限公司设备物资部副部长 高级工程师）
副 主 任：穆中华（郑州铁路职业技术学院 副教授 高级工程师）
　　　　　陈享成（郑州铁路职业技术学院 副主任 副教授）
　　　　　王民湘（郑州铁路局郑州电务段副段长 教授级高工）
　　　　　金立新（郑州铁路局通信段副段长 高级工程师）
　　　　　郑予君（河南辉煌科技股份有限公司 总经理）
　　　　　谢　鸥（中兴通讯股份有限公司 NC 通讯学院 总经理）
　　　　　王明英（郑州铁路局郑州电务段职工教育科科长 高级工程师）
　　　　　杜胜军（郑州铁路局通信段职工教育科科长 高级工程师）
　　　　　左在文（郑州铁路局新乡电务段职工教育科科长 高级工程师）
　　　　　胡宜军（郑州市裴联电子有限公司 总经理）
　　　　　李福建（河南辉煌科技股份有限公司 工程师）
　　　　　莫振栋（柳州铁道职业技术学院 系主任 副教授 铁道行指委铁道通信信号专业指导委员会秘书）
　　　　　翟红兵（辽宁铁道职业技术学院 副院长 副教授 铁道行指委铁道通信信号专指委委员）
　　　　　薄宜勇（南京铁道职业技术学院 系主任 副教授 铁道行指委铁道通信信号专指委委员）
　　　　　高嵘华（西安铁路职业技术学院 副教授 铁道行指委铁道通信信号专指委委员）
　　　　　李　锐（安徽交通职业技术学院 系主任 副教授）
委　　员（按拼音排序）：

毕纲要	薄宜勇	曹　冰	曹丽新	常仁杰	陈福涛	陈享成
陈艳华	陈志红	程　灿	程建兵	杜胜军	杜先华	付　涛
高　峰	高嵘华	高　玉	胡小伟	胡宜军	黄根岭	贾　萍
江兴盟	蒋建华	金立新	兰天明	李春莹	李芳毅	李福建
李丽兰	李　锐	李珊珊	李学武	李勇霞	梁宏伟	梁明亮
刘海燕	刘素芳	刘　伟	刘喜菊	刘云珍	孟克与	莫振栋
穆中华	彭大天	任全会	阮祥国	邵连付	孙逸洁	陶汉卿
王民湘	王明英	王　庆	王　文	王学力	韦成杰	吴广荣
吴　昕	吴新民	谢　丹	谢　鸥	徐晓冰	薛　波	燕　燕
杨　辉	杨婧雅	杨艳芳	于　军	翟红兵	张惠敏	张江波
张清森	张云凤	赵　静	赵文丽	赵　阳	郑乐藩	郑予君
周朝东	周建涛	周栓林	朱　锦	朱力宏	朱卓瑾	左在文

高职高专"十二五"规划教材
城市轨道交通控制专业

城市轨道交通供电系统概论

李学武　主编

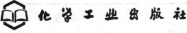

·北京·

本书遵照国家最新颁布的《城市轨道交通技术规范》（GB 50490—2009）、《地铁设计规范》（GB 50157—2013）等技术条文，结合相关设计院、工程局、地铁公司、生产厂家的技术资料、运营文件，全貌性、概要性地介绍城市轨道交通供电系统中变电所、接触网、电力监控系统等设施、设备的结构、原理及运营维护要点。

本书可作为高等职业技术学院轨道交通类专业的教学用书，也可作为城市轨道交通行业职工培训用书以及技术人员的参考用书。

图书在版编目（CIP）数据

城市轨道交通供电系统概论/李学武主编．—北京：化学工业出版社，2015.7（2022.4重印）
高职高专"十二五"规划教材　城市轨道交通控制专业
ISBN 978-7-122-24008-8

Ⅰ.①城… Ⅱ.①李… Ⅲ.①城市铁路-供电系统-高等职业教育-教材　Ⅳ.①U239.5

中国版本图书馆CIP数据核字（2015）第156780号

责任编辑：张建茹　潘新文　　　　　　　　装帧设计：尹琳琳
责任校对：吴　静

出版发行：化学工业出版社（北京市东城区青年湖南街13号　邮政编码100011）
印　　装：北京七彩京通数码快印有限公司
787mm×1092mm　1/16　印张8½　字数205千字　2022年4月北京第1版第5次印刷

购书咨询：010-64518888　　　　　　　　售后服务：010-64518899
网　　址：http://www.cip.com.cn
凡购买本书，如有缺损质量问题，本社销售中心负责调换。

定　　价：30.00元　　　　　　　　　　　　　　　　　　　版权所有　违者必究

序

"城市轨道交通控制专业"是伴随城市快速发展、交通运输运能需求快速增长而发展起来的新兴专业，是城轨交通运输调度指挥系统核心设备运营维护的关键岗位。城市轨道交通控制系统是城轨交通系统运输调度指挥的灵魂，其全自动行车调度指挥控制模式，向传统的以轨道电路作为信息传输媒介的列车运行控制系统提出了新的挑战。随着3C技术（即：控制技术（Control）、通信技术（Communication）和计算机技术（Computer））的飞速发展，城轨交通控制专业岗位内涵和从业标准也随着技术和装备的升级不断发生变化，对岗位能力的需求向集信号控制、通信、计算机网络于一体的复合人才转化。

本套教材以职业岗位能力为依据，形成以城市轨道交通控制专业为核心、由铁道通信信号、铁道通信技术、电子信息工程技术等专业组成的专业群，搭建了专业群课程技术平台并形成各专业课程体系，教材开发全过程体现了校企合作，由铁路及城市轨道交通等运维企业、产品制造及系统集成企业、全国铁道行业教学指导委员会铁道通信信号专业教学指导委员会和部分相关院校合作完成。

本套教材在内容上，以检修过程型、操作程序型、故障检测型、工艺型项目为主体，紧密结合职业技能鉴定标准，涵盖现场的检修作业流程、常见故障处理；在形式上，以实际岗位工作项目为编写单元，设置包括学习提示、工艺（操作或检修）流程、工艺（操作或检修）标准、课堂组织、自我评价、非专业能力拓展等内容，强调教学过程的设计；在场景设计上，要求课堂环境模拟现场的岗位情境、模拟具体工作过程，方便学生自我学习、自我训练、自我评价，实现"做中学"（learning by doing），融"学习过程"与"工作过程"为一体。

本套教材兼顾国铁与地铁领域信号设备制式等方面的不同需求，求同存异。整体采用模块化结构，使用时，可有针对性地灵活选择所需要的模块，并结合各自的优势和特色，使教学内容和形式不断丰富和完善，共同为"城市轨道交通控制专业"的发展作出更大贡献。

"城市轨道交通控制专业"教材编委会
2013 年 7 月

前言

目前城市轨道交通迅猛发展,为广大乘客提供了快捷舒适、安全环保的交通方式,也成为解决大城市交通拥堵的有效手段。

供电系统是城市轨道交通的动力源泉。本书遵照国家最新颁布的《城市轨道交通技术规范》(GB 50490—2009)、《地铁设计规范》(GB 50157—2013)等技术条文,结合相关设计院、工程局、地铁公司、生产厂家的技术资料、运营文件,全貌性、概要性地介绍城市轨道交通供电系统中变电所、接触网、电力监控系统等设施、设备的结构、原理及运营维护要点。

本书共分六章:第一章介绍城市轨道交通和城市轨道交通供电系统的概况。第二章介绍主变电所、降压变电所、牵引降压混合变电所的电气主接线、设备配置、运行方式以及中压环网结构与运行,以及整流机组、直流开关柜的结构原理与维护。第三章介绍柔性接触网、刚性接触网、第三轨的结构以及适用范围、优缺点、运行要点。第四章介绍城市轨道交通直流供电系统继电保护的设置、工作原理。第五章介绍电力监控系统的结构与功能。第六章从杂散电流的产生机理入手,扼要分析了杂散电流的腐蚀原理、危害性,详细讲述了杂散电流腐蚀防护的具体措施、杂散电流监测的原理与设备、杂散电流排流的原则与设备等。

本书每章基本上按照"问题导入—学习要点—内容讲解—复习思考—阅读材料"的模式编写,旨在引导读者学习,利于教师授课。本书可作为高等职业技术学院轨道交通类专业的教学用书,也可作为城市轨道交通行业职工培训以及技术人员参考用书。

本书由李学武担任主编。编写分工如下:李学武编写第一章、第二章、第五章、第六章,并负责全书统稿工作,吉鹏霄编写第三章,杨洁编写第四章。

编写过程中,编者参阅了大量技术资料,这些资料主要来源于郑州、上海、成都、广州、武汉等地的地铁公司、海南金盘电气有限公司、厦门 ABB 开关有限公司、上海西门子开关有限公司、镇江大全赛雪龙牵引电器有限公司、徐州中矿大传动与自动化有限公司、中铁第四勘察设计集团有限公司、中铁电气化勘测设计研究院等等,在此一并致谢。

由于编者水平所限,书中难免存在错误或不完善之处,请广大读者特别是从事轨道交通供电系统设计、施工和产品制造、维修工作的人员提出意见和建议。读者可以通过邮箱 xuewu6981@163.com 和编者共同探讨与本书相关的技术问题。

编者
2015 年 5 月

目录

第一章 概述 ... 1
- 第一节 城市轨道交通 ... 1
- 第二节 城市轨道交通供电系统 ... 6
- 复习思考 ... 13

第二章 变电所 ... 16
- 第一节 主变电所 ... 16
- 第二节 中压供电网络 ... 25
- 第三节 降压变电所 ... 31
- 第四节 牵引降压混合变电所 ... 35
- 第五节 牵引整流机组 ... 38
- 第六节 直流开关柜 ... 46
- 复习思考 ... 50

第三章 接触网 ... 55
- 第一节 地铁接触网概述 ... 55
- 第二节 柔性架空接触网 ... 60
- 第三节 刚性架空接触网 ... 65
- 第四节 第三轨 ... 69
- 复习思考 ... 72

第四章 继电保护与控制 ... 74
- 第一节 城轨交通供电直流系统继电保护配置 ... 74
- 第二节 整流机组继电保护 ... 76
- 第三节 直流系统电流类继电保护 ... 82
- 第四节 直流系统电压类继电保护 ... 88
- 第五节 直流馈线的控制功能及自动装置 ... 91
- 复习思考 ... 94

第五章 电力监控 ... 98
- 第一节 电力监控系统的概念及其硬件构成 ... 98
- 第二节 电力监控系统功能 ... 104
- 复习思考 ... 108

第六章　杂散电流 ·· 109
第一节　杂散电流的形成与危害 ·· 109
第二节　杂散电流防护、监测与排流 ·· 112
复习思考 ·· 121

参考文献 ·· 125

第一章 概　述

问题导入 ▶▶▶

作为解决城市交通拥挤的一种重要手段，城市轨道交通已经从起步发展到目前的全面建设，并以其环保、舒适、快捷的优势，改变了人们的出行生活。如何定义"城市轨道交通"？如何对"城市轨道交通"分类？如何组成"城市轨道交通系统"？城市轨道交通中，列车的电能从哪里来？本章作为全书的开篇，将回答上述问题，并提供世界地铁的起源、中国地铁的起源、电力系统相关知识等阅读材料。

学习要点 ▶▶▶

- 城市轨道交通的定义。
- 城市轨道交通分类及其特点。
- 城市轨道交通系统的构成。
- 城市轨道交通供电系统的定义。
- 城市轨道交通供电系统的构成及其各部分功能。
- 城市电网对城市轨道交通供电系统的供电方式。
- 牵引供电系统的供电方式。
- 城市轨道交通供电系统的电压等级。

第一节　●●●　城市轨道交通

一、城市轨道交通的概念与分类

在《城市公共交通分类标准》（CJJ/T 114—2007）中，城市公共交通被划分为城市道路公共交通、城市轨道交通、城市水上公共交通、城市其他公共交通等四大类，对"城市轨道交通"的定义是：采用轨道结构进行承重和导向的车辆运输系统，依据城市交通总体规划的要求，设置全封闭或部分封闭的专用轨道线路，以列车或单车形式，运送相当规模客流量的公共交通方式，包括地铁系统、轻轨系统、单轨系统、有轨电车、磁浮系统、自动导向轨道系统、市域快速轨道系统。

《城市轨道交通技术规范》（GB 50490—2009）中也对"城市轨道交通"进行了定义：城市轨道交通（Urban Rail Transit）是指采用专用轨道导向运行的城市公共客运交通系统，包括地铁系统、轻轨系统、单轨系统、有轨电车、磁浮系统、自动导向轨道系统、市域快速轨道系统。

在人们的习惯用语中，"城市轨道交通"和"地铁"并无明显区分。本书中所言的"地铁"一般也可认为是"城市轨道交通"的俗称。

1. 地铁系统

地铁是地下铁道交通的简称，是一种在城市中修建的快速、大运量的轨道交通方式，采用钢轮钢轨体系，标准轨距1435mm，通常以电力牵引，地铁车辆的基本车型分为A型、B型和L_8型（直线电机）三种。地铁的单向高峰小时客运能力可达30000人次以上，它的线路通常设在地下隧道内，也有的在城市中心以外地区从地下转到地面或高架桥上。地铁系统的列车编组一般由4～8辆组成，列车长度70～190m，要求有较长的站台相匹配，最高行车速度应不小于80km/h。

目前世界上一些著名的特大城市如纽约、伦敦、巴黎、莫斯科、东京等，均已形成一定的城轨交通规模和网络，且以地铁为主干，延伸到城市的各个方向。图1-1所示是某地铁站上下车人流。

图1-1 某地铁站上下车人流

广州地铁经过20余年的建设，现已建成开通一至五号线、八号线、APM、广佛线、六号线首期等9条，总长共260公里的线路。根据最新批复的广州市新一轮轨道交通建设规划，至2017年还将力争新建成开通广佛线西朗至沥滘段、六号线二期、七号线一期、九号线一期、四号线南延段、八号线北延段、十三号线首期、十四号线一期、知识城线和二十一号线，届时累计开通里程将超过500公里。

1956年8月，上海市人民委员会市政建设交通办公室根据战备要求，向市政府提交《上海市地下铁道初步规划（草案）》，上海地下铁道建设由此开始了重要的征程。截至2014年10月，上海已形成拥有14条地铁线、538公里线路、331座地铁站的庞大公交网络。

地铁有以下特征：

① 全部或大部分线路建于地面以下；
② 建设费用大，周期长，成本回收慢；
③ 行车密度大，行车速度高；
④ 客运量大；
⑤ 地铁列车的编组数决定于客运量和站台的长度，一般为4～8辆；
⑥ 地铁车辆消音减振和防火措施均有严格要求，既安全，又舒适；
⑦ 受电的制式主要有直流750V第三轨受电或直流1500V架空线受电弓受电。

2. 轻轨系统

轻轨系统是在老式的地面有轨电车的基础上发展起来的，与一般的铁路相比，其轨道和车辆都是轻型的，其运输系统相对也比较简单，较适宜于中等运量的城市客运交通。它采用钢轮钢轨体系，标准轨距1435mm。主要在城市地面或高架桥上运行，线路采用地面专用轨道或者高架轨道，遇繁华街区，也可进入地下或与地铁接轨。图1-2所示是城市轻轨。

图1-2 城市轻轨

例如上海轨道交通6号线，又称浦东轻轨，为上海轨道交通的一条轻轨线路，全长31.118公里，北起高桥镇港城路站，南至三林地区济阳路站，贯穿整个浦东新区，共设有28个车站和2个车辆段，其中地下车站19座，高架车站9座，并设三林停车场及港城路车辆段；该线有3座车站购票、候车都设在同一楼层，分别为博兴路站、华夏西路站及灵岩南路站；地下车站都设有屏蔽门；港城路站至灵岩南路站于2007年12月29日开通试营运。

轻轨有以下特征：

① 采用钢轮钢轨体系，车辆以电力提供牵引动力，可以采用直流电机、交流电机或线性电机驱动；
② 轻轨的建设费用比地铁少，每公里线路造价仅为地铁的1/5～1/2；
③ 轻轨交通的每小时单向运输能力一般为2万～4万人次，介于地铁和公共汽车之间，

属于中等运能公共交通系统；

④ 轻轨线路可以为地面、地下或高架桥形式，一般与地面道路完全隔离，采用半封闭或全封闭专用车道；

⑤ 轻轨车辆有单节 4 轴车，双节单铰 6 轴车和 3 节双铰 8 轴车等；

⑥ 轻轨交通对车辆和线路的消音和减振有较高要求；

⑦ 电压制式以直流 750V 架空线（或第三轨）供电为主，也有部分采用直流 1500V 和直流 600V 供电；

⑧ 轻轨车站分为地面、高架和地下三种形式。

3. 单轨系统

单轨系统是一种车辆与特制轨道梁组合成一体运行的中运量轨道运输系统，轨道梁不仅是车辆的承重结构，同时是车辆运行的导向轨道。单轨系统又称为独轨交通，独轨交通的设想早在 19 世纪末已经形成。1901 年，在德国鲁尔地区险峻的乌珀河谷上空世界上首条独轨交通系统建成，车辆吊在架空的导轨下面沿着导轨行驶，把鲁尔地区三个工业城市连接起来，后来三个工业城市合并为乌珀塔尔市，这个独轨交通系统成为该市的一个标志。

独轨交通用作城市公共交通之初进展比较缓慢。日本从德国引进专利，近 30 年开发了多种独轨铁路系统，在世界城轨交通中独树一帜。我国重庆市从日本引进了独轨交通系统，如图 1-3 所示。

图 1-3　重庆独轨线路

独轨交通采用高架轨道结构，按结构型式分为跨坐式和悬挂式两种类型。前者车辆的走行装置（转向架）跨骑在走行轨道上，其车体重心处于走行轨道的上方。后者车体悬挂于可在轨道梁上行走的走行装置的下面，其重心处于走行轨道梁的下方。

城市独轨铁路的优点：

① 独轨铁路线路占地面积小，可充分利用城市空间，适宜于在大城市的繁华中心区建

线，对城市景观及日照影响小；

② 独轨线路构造较简单，建设费用低，为地铁的1/3左右；
③ 能实现大坡度和小曲线半径运行，可绕行于城市的建筑物之间；
④ 一般采用轻型车辆，列车编组为4～6辆；
⑤ 走行装置采用空气弹簧和橡胶轮结构，并采用电力驱动，运行噪声低，无废气，乘坐舒适；
⑥ 独轨铁路架于空中，具有交通和旅游观光的双重作用；
⑦ 跨坐式轨道梁采用预应力混凝土梁制成，悬挂式轨道梁一般为箱形断面的钢结构。

独轨铁路交通的缺点：

① 能耗大，由于其走行装置采用橡胶轮，它与混凝土轨面的滚动摩擦阻力比钢轮钢轨大，故其能耗比一般轨道交通约增加40%，且有轻度的橡胶粉尘污染；
② 运能较小，一般每小时单向最大客运量为1万～2万人次；
③ 独轨线路不能与常规的地铁、轻轨等接轨；
④ 道岔结构复杂、笨重，转换时间较长，从而延长了列车折返时间；
⑤ 列车运行于区间时若发生事故，疏散和救援工作困难。

二、城市轨道交通的特点

与城市道路交通相比，城市轨道交通有以下特点：采用列车编组化运行，运量大；具有良好的线路条件与控制体系，运行速度快；采用电力牵引，污染少，环保好；可采用地下或高架敷设方式，占地面积小；采用全隔离的路线方式，安全和可靠性强；具有良好的环控体系和候车环境，乘车舒适性佳。

当然，城市轨道交通是一个庞大的系统工程，它涉及土建（装修）、机械、电子、供电、通信、信号等技术，设备多，点多面广，技术要求、技术含量高，系统性、严密性、联动性要求高，土建工程大而多，且建设的周期长，涉及的资金投入一般是每公里4～6亿元。一般大城市建一个200公里的地铁网，要投入上千亿元的资金，且建设时间需要十到二十年以上。

三、城市轨道交通系统的基本组成

城市轨道交通系统包括工程基本设施、运营设备系统两大部分。

工程基本设施包括轨道、路基、桥梁、隧道、车站、实现从城市电网向地铁供电的主变电所、调度指挥整（几）条地铁的运营管理的控制中心、车辆基地等。车辆基地是地铁车辆维修、停放等的综合基地，往往与其他保障体系合建，包括材料总库、综合维修和技术培训基地等，有时控制中心也建在其中。

运营设备系统包括车辆系统（运载输送乘客）、供电系统（为车辆、机电设备和车站提供动力及照明电能）、通风系统（实现车站、区间隧道换气降温）、空调系统（用于车站环境温度的控制）、通讯系统（实现信息传输）、信号系统（指挥行车、保障安全）、给排水系统（供给生产生活用水，抽排废水污水）、消防系统（实现水消防和气体消防）、防灾报警系统（灾害事故的监测和报警）、自动扶梯系统（车站各层间旅客输送）、屏蔽门系统（保障站台旅客安全，屏蔽环控范围）、自动售检票系统（直接为旅客服务的票务设施）、综合监控系统（环境、灾害、电力监控、信息采集和微机管理系统）。

第二节 城市轨道交通供电系统

为城市轨道交通运营提供所需电能的系统称为城市轨道交通供电系统。它的供电负荷包括：为城市轨道交通电动列车提供牵引用电；为城市轨道交通运营服务的其他设施提供电能，如照明、通风、空调、给排水、通信、信号、防灾报警、自动扶梯等。

在城市轨道交通的运营中，供电一旦中断，不仅会造成城市轨道交通运输的瘫痪，而且还会危及乘客生命安全和造成财产的损失。因此，高度安全、可靠而又经济合理的电力供给是城市轨道交通正常运营的重要保证和前提。

一、城市轨道交通供电系统的组成

《地铁设计规范》（GB 50157—2013）指出，城市轨道交通供电系统由五部分组成：外部电源、主变电所（或者电源开闭所）、牵引供电系统（包括牵引变电所和牵引网）、动力照明系统（包括降压变电所与动力照明配电系统）、电力监控系统。

城市轨道交通供电系统示意图如图1-4所示。

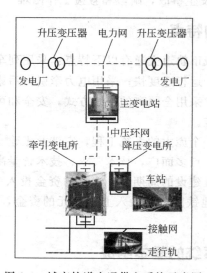

图1-4 城市轨道交通供电系统示意图

1. 外部电源

对地铁内部的用电设备而言，城市轨道交通供电系统是电源，而对城市电网来讲，城市轨道交通供电系统是电能用户。它一般都直接从城市电网取得电能，无需单独建设电厂。

城市电网对地铁供电的电压等级目前国内有110kV、63kV、35kV和10kV、20kV电压等级也已作为方案被提出，究竟采用哪一种电压等级，由不同城市电网构成的特点和地铁的实际需要而定。

城市电网对地铁的供电方式有3种：集中式供电、分散式供电和混合式供电。

（1）集中式供电

地铁在其线路附近建设专用的主变电所，由本线路或者其他线路的主变电所为本线路牵引变电所及降压变电所供电的外部供电方式称为集中式供电。

主变电所的设置,要考虑负荷平衡,也要考虑与其他地铁线路的资源共享,一座主变电所可为几条线路同时供电。为保证供电的可靠性,一条线一般设置两座或两座以上的主变电所。除北京外,我国其他城市如上海、广州、深圳和南京、郑州等地铁,多采用集中式供电方式。郑州地铁预计建设6条地铁线路,规划设计7座主变电所。

主变电所进线电压等级根据地区不同,一般为110kV,东北地区为63kV。主变电所馈出线的电压等级一般为35kV或者10kV。

集中式供电方式示意图如图1-5所示。

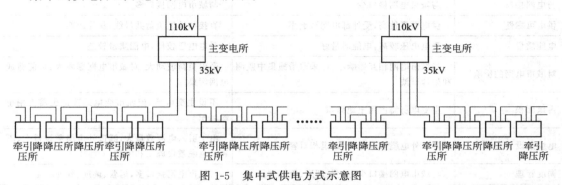

图1-5 集中式供电方式示意图

(2) 分散式供电

由沿线引入城市中压电源,为地铁线路的牵引变电所及降压变电所供电的外部供电方式称为分散式供电。

分散式供电不设主变电所,直接从城网引入10kV(或35kV)电源,经开闭所配给地铁各站、段。北京地铁和大连轻轨等采用了分散式供电。分散式供电要保证每座牵引变电所或降压变电所都能获得两路电源。图1-6为某条分散式供电地铁线路的示意图,一条地铁线路,设置了6个电源开闭所为16个站、段的变电所供电。

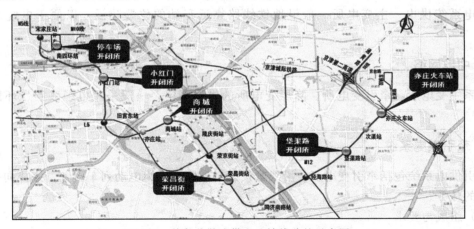

图1-6 某条分散式供电地铁线路的示意图

(3) 混合式供电

由主变电所和城市中压电源共同为牵引变电所及降压变电所供电的外部供电方式称为混合式供电。

当一条地铁线路很长,远端站点的变电所到主变电所的距离太远时,这些远端站点的变电所可以直接从附近的城市中压电源获取电能,形成以集中式供电为主、分散式供电为补充的一种供电方式。这种供电方式也只能是10kV电压等级。

集中式供电和分散式供电的优缺点比较见表1-1。分散式供电方式虽然不需要专门建立主变电所，但其要求的电源点多，与电力部门接口较多，管理难度大。本书讲解以集中式供电方式为主。

表1-1 供电方式比较表

项目	集中供电方式	分散供电方式
与电网接口	与城市电网接口少	与城市电网接口多
供电可靠性	供电可靠性高，受外部电网影响小	直接与地区负荷共母线，易受影响
电能质量	受电电压较高，电能质量好	受电电压较低，电能质量较差
对城市电网的影响	与城市电网相互影响小，可采取措施集中监测和处理谐波	牵引负荷波动大，对城市电网影响大，可能造成电网污染
占地面积	主变电所需占用土地面积	不设主变电所，但城市变电站改造也需占用土地面积
电缆敷设	隧道外电缆敷设量少，通道相对容易解决	由于引入电源数量大，隧道外电缆敷设量大，不利于电缆敷设施工和维护
调度管理	与城市电网接口少，运营、调度、管理方便	与城市电网接口多，运营、调度、管理不便
运营维护	集中管理，运营维护工作量小	分散管理，运营维护工作量大
工程投资	因引入电源电压等级通常较高，电源和主变电所工程投资较高	引入电源电压等级较低，且不新建主变电所，工程投资较低，但需改造城市电网变电站数量较多，投资不确定因素增加

2. 主变电所（或者电源开闭所）

为地铁建设的专用变电所，只有采用集中式供电方式时才设置，专为地铁牵引供电系统和供配电系统供电。主变电所一般沿地铁线路靠近车站的位置建设，以便于电缆线路的引入。

3. 中压网络

联系主变电所、牵引变电所、降压变电所的供电网络，一般采用电缆线路、环网供电方式。

4. 牵引供电系统

牵引供电系统包括牵引变电所、沿线敷设的牵引网。专为电动列车服务，完成向列车输送电能的任务。

（1）组成与要求

在城市轨道交通牵引供电系统中，电能从牵引变电所经馈电线、接触网输送给电动列车，再从电动列车经钢轨（称轨道回路）、回流线流回牵引变电所。由馈电线、接触网（接触轨）、轨道回路及回流线组成的供电网络称为牵引网。

城市轨道交通牵引供电系统示意如图1-7所示，其各部分功能简述如下。

① 牵引变电所：供给城市轨道交通一定区域内牵引电能的变电所。一般情况下与车站的降压变电所合建，称为牵引降压混合变电所。

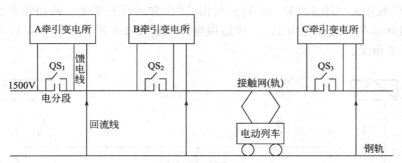

图 1-7　牵引供电系统示意图

② 接触网（或接触轨）：经过电动列车的受电器向电动列车供给电能的导电网（有接触轨和架空接触网两种形式）。

③ 馈电线：从牵引变电所向接触网输送牵引电能的导线。

④ 回流线：用以供牵引电流返回牵引变电所的导线。

⑤ 电分段：为便于检修和缩小事故范围，将接触网分成若干段，称为电分段。

⑥ 轨道：列车行走时，利用走行轨作为牵引电流回流的电路。在采用跨座式单轨电动车组时，需沿线路专门敷设单独的回流线。

牵引网系统负责将牵引变电所馈出的电能输送到列车上，一般有架空接触网和接触轨两种形式。接触网按其悬挂方式又可分为柔性（弹性）接触网和刚性接触网。习惯上，由于接触轨式是沿线路敷设的与轨道平行的附加轨，故又称第三轨。

从电压等级看，国内牵引网系统有 DC1500V 和 DC750V 两种等级，其中 DC1500V 等级系统采用架空接触网形式，个别线路（如广州地铁四号线）采用接触轨形式，DC750V 等级系统一般采用接触轨形式。直流牵引供电系统的电压及其波动范围应符合表 1-2 的规定。

表 1-2　直流牵引供电系统电压及其波动范围

系统电压/V		
标称值	最高值	最低值
750	900	500
1500	1800	1000

（2）牵引供电系统供电方式

牵引供电系统供电方式指的是牵引变电所对牵引网的供电方式。包括单边供电、双边供电和大双边供电 3 种。

单边供电是指任何一个馈电区（牵引网）仅能从一侧牵引变电所取得电源的供电方式。车辆段内一般采用单边供电方式。

双边供电是指任何一个馈电区同时从两侧牵引变电所取得两路电源。地铁的牵引供电系统，正常运行时正线均应采用双边供电方式。

双边供电比单边供电具有明显的优点。在牵引网的平均电压损失、列车带电运行时受流器上的电压损失、列车最大平均电压损失、列车起动时最大电压损失、牵引网的功率损失、杂散电流值等指标上，双边供电都是单边供电的 1/3～1/4。双边供电时，列车的再生能量可以被同行列车吸收，尤其当车流密度高时，列车的再生能量更易被同行列车利用；而单边供电时，列车的再生能量被其他同行列车吸收的可能性极小。

《地铁设计规范》（GB 50157—2013）指出，"正常运行方式下，两相邻牵引变电所应对其同一供电分区采用双边供电方式"。双边供电方式如图1-8所示，其中走行轨对地电位分布情况如图1-9所示。

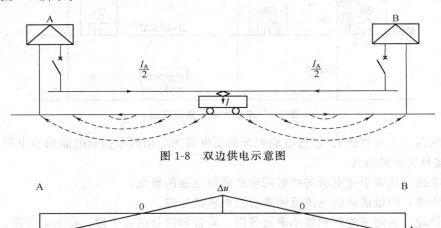

图1-8 双边供电示意图

图1-9 双边供电走行轨对地电位示意图

鉴于双边供电比单边供电有很多优点，《地铁设计规范》（GB 50157—2013）还规定，"当正线的中间牵引变电所退出运行时，应由相邻的两座牵引变电所依靠其两套牵引整流机组的过负荷能力实施大双边供电。"

实现大双边供电有以下两种方式。

（1）利用解列的牵引变电所的直流母线构成大双边供电

如图1-10所示，只有当牵引变电所两套整流机组退出运行，并且直流母线、上下行4路馈线开关及其二次回路完好无损且能正常运行时，图中QF1、QF2、QF3、QF4、1DG、2DG、3DG、4DG才合闸，从而实现大双边供电。

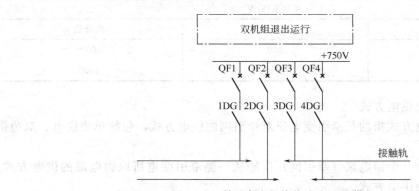

图1-10 利用直流母线构成大双边供电

利用故障变电所的直流母线将上下行的接触轨（接触网）并联起来，虽然改善了电压质量、降低了损耗，但同时也会扩大事故范围，因接触轨（接触网）一点发生短路故障时，可能引起多路馈线开关（图中QF1\QF2\QF3\QF4）跳闸，从而使事故范围扩大。

（2）利用纵向电动隔离开关构成大双边供电

当牵引变电所发生故障时，利用电分段处的纵向电动隔离开关构成大双边供电，使整座牵引变电所（含隧道开关柜）退出运行，牵引网运行不受故障牵引变电所的影响，如图 1-11 所示，图中两台纵向电动隔离开关 1ZDG、2ZDG 处于合闸状态。

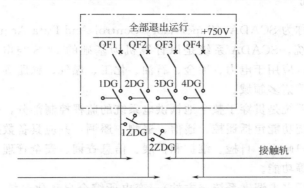

图 1-11　利用纵向电动隔离开关构成大双边供电

5. 动力照明系统

动力照明系统包括降压变电所、低压配电系统，它专为地铁里除电动车辆以外的所有动力和照明负荷供电，如车站和区间的动力、照明及其他为地铁服务的自动化用电设施。

在城市轨道交通供电系统中，动力照明系统和牵引供电系统同等重要。动力照明系统中压电源侧可以和牵引供电系统中压交流侧电压一致，采用混合网络（如北京地铁、大连轻轨采用 10kV 电压级，广州地铁、南京地铁、深圳地铁采用 35kV 电压级），也可以和牵引供电系统电压不一致，采用独立网络（如上海地铁 1、2 号线，牵引供电系统采用 33kV 电压级，而动力照明系统则采用 10kV 电压级）。动力照明系统的低压侧则完全和地面工程相同，采用 220/380V 三相四线制 TN-S 系统，中性线和接地线分开，即三根相线、一根中性线、一根接地线。

动力照明系统的低压侧需设置有源滤波设备，其作用一是滤除大量电子变频设备产生的谐波，二是根据系统需求自动进行无功补偿。

低压负荷应按照动力、照明、广告照明、空调分别计量。低压开关柜一般选用抽出式开关柜。

低压负荷按其用途和重要性可分为 3 级。

① 一级负荷：排烟风机、消防泵、主排水泵、自动售检票机、屏蔽门、电力监控、变电所操作电源、防灾报警、通信信号、人防系统、地下车站站台、站厅照明及应急照明等；

② 二级负荷：局部通风机、普通风机、排污泵、自动扶梯、电梯等；

③ 三级负荷：空调、冷冻机、热风幕、广告照明、维修电源等。

对三种负荷供电的技术要求为：一级负荷为双电源、双电缆，供电末端自动切换，来电自复；二级负荷为双电源、单电缆，在电源端自动切换，来电自复；三级负荷为单电源、单电缆，当电源失压时，可以自动切除。

对于一级负荷，大功率设备，双电源可以来自变电所两段母线，对小功率设备，双电源可来自不同母线上的配电箱。对二级负荷，两路电源，单回路供电，电源在变电所自动切换；对三级负荷，由一路电源供电，当一台配电变压器故障解列时，可根据运行需要自动切除。

当一台配电变压器故障解列时，另一台配电变压器可承担全部一、二级负荷。

6. 电力监控系统

电力监控系统也称为 SCADA（Supervisory Control And Data Acquisition）系统，即数据采集与监视控制系统。SCADA 系统是以计算机为基础的 DCS 与电力自动化监控系统；它应用领域很广，可以应用于电力、冶金、石油、化工、燃气、铁路等领域的数据采集与监视控制以及过程控制等诸多领域。

地铁的电力监控系统是贯穿于整个地铁供电系统的监视控制部分，是控制技术在地铁供电系统中的应用。系统功能包括遥控、遥信、遥测、遥调，并应具备数据传输及处理、报警处理及统计报表、用户画面、自检、维护和扩展、信息查询、安全管理、系统组态、在线检测、时钟同步、培训等功能。

电力监控系统包括电力调度系统（主站）、变电所综合自动化系统（子站）以及联系主站和子站的专用数据传输通道。电力调度系统（主站）设在地铁的运营控制中心（Operation Control Center，简称 OCC），对全线变电所及沿线供电设备实行集中监视、控制和测量。电力调度系统（主站）由数据服务器、通信前置机、工程师工作站及模拟盘显示器等组成，完成对所采集数据的分析、计算、存储、设备状态监视以及控制命令的发送等功能。变电所综合自动化系统（子站）完成对设备状态、信号等数据的采集、整理、简单分析计算及所内控制等功能。专用数据传输通道一般采用光缆型式。

二、城市轨道交通供电系统的供电要求及电压等级

一般大工厂和企业用电多集中在一个地方，而地铁用电则在沿线路的几千米到几十千米范围内的一条线上，这是地铁与其他用户不同的地方。

地铁作为城市电网的重要用户，属一级负荷。地铁供电系统的主变电所、牵引变电所、降压变电所，都要求能获得两路电源。对双路电源的要求如下。

① 双路电源要求来自不同的变电所或同一变电所的不同母线。

② 双路电源应分列运行，互为备用，即当一路电源故障时，由另一路电源承担全部一、二级负荷。

③ 电源容量按地铁远期用电量设计。为便于运营管理和减少损耗，要求集中式供电的主变电所的站位和分散式供电的电源点，要尽量靠近地铁线路，以减少引入地铁的电缆截面积及电缆通道的距离，尽量减少电缆通道和城市地下管网的交叉和干扰。

地铁供电系统电压等级，有以下几种。

① 交流 110kV、63kV 为主变电所从城市电网引入的进线电源电压，其中 63kV 电压等级为东北地区电网所特有。

② 交流 35kV 上海、广州、香港、南京、深圳地铁的牵引供电系统电源电压皆为这一电压等级。35kV 这一电压等级在各大城市电网中，将逐渐消失，而由 10kV 取代，作为地铁内部专用，35kV 电压等级还将继续存在下去。同时，20kV 电压等级也具有潜在的发展趋势。

③ 交流 10kV 牵引供电系统和动力照明系统可用这一电压等级，北京地铁、大连轻轨为这一电压等级。通常把 3~35kV 电压等级称之为中压。

④ 交流 380/220V 动力、照明等低压负荷用电的电源电压。

⑤ 直流 1500V 一般为架空接触网的电源电压。

⑥ 直流 750V 接触轨（第三轨）的电源电压，轻轨线路的架空接触网采用这一电压

等级。

⑦ 直流 220V　变电所操作电源、应急照明电源电压。

⑧ 直流 110V　变电所操作电源电压。

由以上各种不同等级的电压构成城市轨道交通完善、适用、安全、可靠的供电系统，以保证地铁正常运行所必需的电能供应。

复习思考 ▶▶▶

1-1. 简述城市轨道交通的概念及其分类。
1-2. 简述城市轨道交通的设备系统。
1-3. 简述城市轨道交通供电系统的功能。
1-4. 简述城市轨道交通供电系统的构成及其各部分功能。
1-5. 简述城市电网对城市轨道交通供电系统的供电方式种类、概念及其优缺点。
1-6. 简述牵引供电系统供电方式种类、概念及应用。
1-7. 城市轨道交通供电系统对电源有哪些基本要求？
1-8. 城市轨道交通供电系统的电压等级有哪些？

阅读材料 ▶▶▶

一、世界地铁起源于哪里？

19 世纪中期，蒸汽机车已经在英国普遍使用，各大城市间的铁路基本铺好。从全国各地通向伦敦的火车轨道一直铺到了城市的边缘，伦敦人可以轻松地到达英国各地。而伦敦市内的主要交通工具还是马车，出租马车价格非常昂贵。从 1800 年到 1831 年间，伦敦人口从不足 100 万上升到 175 万，几乎翻了一番。交通成了伦敦的一大难题。一位名叫查尔斯·皮尔森的律师提出了一个修建"伦敦中央火车站"的设想，一群承包商提出要在伦敦修建一条地下道路的提案。不久，这两个提案被结合起来，形成了我们今天所熟悉的地铁的概念：在地下通行的火车。当时的地道挖掘方法也很笨拙：先把地铁途经的地上部分住户全部搬迁，工人们从地面向下挖掘一条 10 米宽 6 米深的大壕沟，用黄砖加固沟壁，再搭成拱形的砖顶，然后将土回填，在地面上重建道路和房屋。这个工程拆毁了不少房屋，兴师动众，耗资巨大。为了把蒸汽机车排出的浓烟引出地下，建好的隧道还要钻出通风孔。1862 年，4.8 公里长，7 个停靠站的地下铁道基本完工了。由铁路公司提供的蒸汽机车开进地下，大约 40 名官员乘坐在没有顶棚的木制车厢里对地铁进行了第一次巡游。1863 年 1 月 10 日，地铁开放，第一天的乘客总数就达到了 4 万人次。按照当年 7 月的统计，在地铁向公众开放的前 6 个月里，乘客数目达到 477 万人次，平均每天有 2.65 万人次乘坐。地下铁路成为伦敦历史上第一个多数市民可以负担和使用的公共交通工具。

二、中国地铁起源于哪里？

中国的地铁始于北京，建于 1965 年。促成北京地铁的一个重要原因是前苏联地铁的战备功用对我国领导人的启发。1941 年德军大举进犯莫斯科，刚刚建成 6 年的莫斯科地铁，不但成了莫斯科市民躲避战火的掩体，更成为苏军的战时指挥部。这样，地铁建设进入了我国的视野。我国地铁建设事业起步较晚，其发展经历了一个相当曲折的过程。20 世纪 50 年代，我国开始筹备北京地铁网络建设，于 1969 年 10 月建成北京地铁 1 号线，全长 23.6 公里。随后建设了天津地铁、哈尔滨人防隧道等工程。该阶段地铁建设以人防功能为指导思想。20世纪80年代,我国仅有北京、上海、广州等几个大城市规划建设地铁。该阶段地铁建设开始真正以城市交通为目的。20世纪90年代,一批省会城市开始筹划建设地铁。由于项目多且造价高,1995年12月国务院发布国办60号文,暂停了地铁项目的审批。同时,国家计委开始研究制定地铁交通设备国产化政策。1999年以后,国家的政策逐步鼓励大中城市发展地铁交通,2000年前后,新申请立项准备建设的城市有23个。

三、什么是电力系统?

为了提高供电的可靠性和经济性,将许多分散的各种形式的发电厂,通过送电线路、变电站和电力用户连接起来,就形成了电力系统。由发电机、升压和降压变电站、输配电线路及用电设备有机连接起来的总体,即称为电力系统。

电力系统加上发电厂的"动力部分"称为动力系统。所谓动力部分,包括发电机的原动机(如汽轮机、水轮机)、原动机的力能部分(热力锅炉、水库、反应堆)等。

电力系统中,由各种不同电压等级的输配电线路将升压和降压变电站连接在一起的部分称为电力网。

图1-12所示为动力系统、电力系统、电力网的示意图。

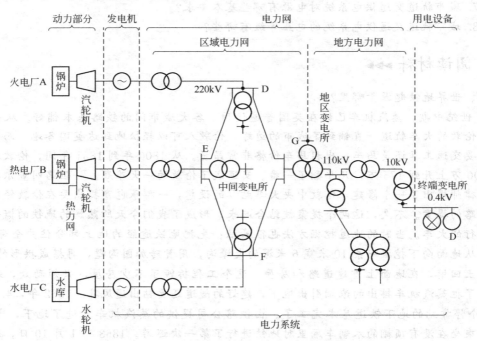

图1-12 动力系统、电力系统、电力网的示意图

四、电力系统由哪些部分组成?

电力系统由发电厂、变配电所、电力线路和电能用户组成。

发电厂按使用能源划分有下述基本类型:火力发电厂、水力发电厂、核能发电厂、风力发电场、地热发电厂、潮汐发电厂、太阳能发电厂等。

变电所的任务是接受电能、变换电压和分配电能,即受电-变压-配电。变电所可分为升压变电所和降压变电所两大类:升压变电所一般建在发电厂,主要任务是将低电压变换为高电压;降压变电所一般建在靠近负荷中心的地点,主要任务是将高电压变换到一个合理的电压等级。配电所的任务是接受电能和分配电能,但不改变电压,即受电-配电。

电力线路的作用是输送电能,并把发电厂、变配电所和电能用户连接起来。水力发电厂须建在水力资源丰富的地方，火力发电厂一般也多建在燃料产地，即所谓的"坑口电站"，因此，发电厂一般距电能用户均较远，所以需要多种不同电压等级的电力线路，将发电厂生产的电能源源不断地输送到各级电能用户。通常把电压在35kV及以上的高压电线路称为送电线路，而把10kV及以下的电力线路，称为配电线路。电力线路按其传输电流的种类又分为交流线路和直流线路；按其结构及敷设方式又可分为架空线路、电缆线路及户内配电线路。

电能用户又称电力负荷。在电力系统中，一切消费电能的用电设备均称为电能用户。

用电设备按电流可分为直流设备与交流设备，而大多数设备为交流设备；按电压可分为低压设备与高压设备，1000V及以下的属低压设备，高于1000V的属高压设备；按频率可分为低频（50Hz以下）、工频（50Hz）及中、高频（50Hz以上）设备，绝大部分设备采用工频；按工作制分为连续运行、短时运行和反复短时运行设备三类；按用途可分为动力用电设备（如电动机）、电热用电设备（如电炉、干燥箱、空调器等）、照明用电设备、试验用电设备、工艺用电设备（如电解、电镀、冶炼、电焊、热处理等）。用电设备分别将电能转换为机械能、热能和光能等不同形式的适于生产、生活需要的能量。

五、电力负荷如何进行分类？

根据突然中断供电所造成的损失程度分类，电力负荷可以分为一级负荷、二级负荷、三级负荷。

一级负荷是指突然中断供电将会造成人身伤亡或会引起周围环境严重污染的，将会造成经济上的巨大损失的，将会造成社会秩序严重混乱或在政治上产生严重影响的负荷。一级负荷应由两个相互独立的电源供电。如果两个电源不是相互独立而有联系时，应该做到在发生故障时，两个电源的任何部分不会同时受到损坏。或者有些一级负荷允许在很短的时间内能中断供电，能在发生任何一种故障时，有一个电源不中断供电。或由值班人员完成必要的操作，迅速恢复一个电源的供电。

二级负荷是指突然中断供电会造成经济上较大损失的，将会造成社会秩序混乱或政治上产生较大影响的负荷。二级负荷最好能有两个电源供电。如果供电条件有困难或负荷较小时，可以用一个6kV以及6kV以上的专用线路供电。如果采用电缆供电时，可以另外设一条备用电缆，而且该电缆要经常处于运行状态。

三级负荷是指不属于上述一级和二级负荷的其他负荷。三级供电负荷对供电无特殊要求。

第二章 变电所

 问题导入 ▶▶▶

变电所是城市轨道交通供电系统的心脏。《地铁设计规范》(GB 50157—2013) 指出,"变电所应分为主变电所、电源开闭所、牵引变电所、降压变电所。牵引变电所与降压变电所可合建成牵引降压混合变电所。"那么,这些变电所在地铁供电系统中如何分布?功能如何?接线结构怎样?有哪些电气设备?整流机组、直流开关柜的结构原理、维护要点是什么?本章将逐一进行介绍。

 学习要点 ▶▶▶

- 主变电所的功能、电气主接线结构及其运行方式、设备概况。
- 降压变电所的功能、电气主接线结构及其运行方式、设备概况。
- 牵引降压混合变电所的功能、电气主接线结构及其运行方式、设备概况。
- 中压环网的功能、结构、运行方式。
- 整流机组的结构、工作原理、运营维护要点。
- 直流开关柜的结构、工作原理、运营维护要点。

第一节 ●●● 主 变 电 所

一、主变电所功能与类型

城市轨道交通供电系统按一类负荷设计,每条轨道线路由两个主变电所担负供电任务,每个主变电所平时由2路互为备用的独立电源供电,以实现不间断供电。

主变电所从发电厂或城市电网区域变电所获得高压(如110kV)电源,降压成35kV (33kV)或10kV,以中压环网形式向布置在沿线的牵引变电所、降压变电所输送电能。每个主变电所的主变压器容量设计满足最大高峰小时负荷的要求,并满足当一个主变电所发生故障(不含中压母线故障)时,另一个主变电所能承担全线牵引负荷及全线动力Ⅰ、Ⅱ级负荷的供电要求。

按照电气主接线的不同，主变电所有两种类型：内桥接线主变电所和线路变压器组接线主变电所。

按照土建工程的不同，主变电所有三种类型：地面型主变电所、半地面型主变电所和地下型主变电所。图 2-1 为地面型和半地面型主变电所图片。

(a) 地面型主变电所

(b) 半地面型主变电所

图 2-1　地铁线路的主变电所

二、主变电所电气主接线及其运行方式

城市轨道交通主变电所，设置两路高压电源进线（110kV），可以都是专线，或者一路专线一路"T"接。设置两台主变压器，变压器接线形式均选用三相 Y, d 接线，大部分采用 110/35kV 两线圈变压器，少数由于城市历史原因采用 110/10kV 两线圈变压器。两台主变压器互为备用，正常情况下并列运行，各承担约 50% 的用电负荷。

1. 线路—变压器组接线的主变电所

某线路—变压器组接线的主变电所的电气主接线如图 2-2 所示。

(1) 高压侧电气主接线

线路—变压器组接线就是电源线路和变压器直接相连，是一种最简单的接线方式。正常运行方式下，两路线路各带一台主变压器。即 1 号进线电源通过隔离开关 1011 和断路器

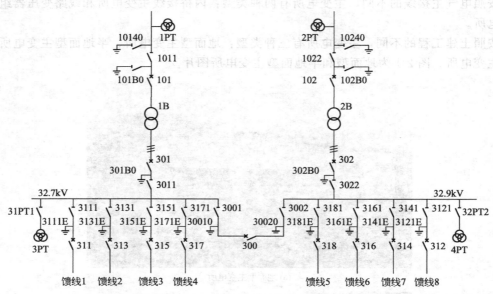

图 2-2 某线路-变压器组接线的主变电所主接线图

101 为 1 号变压器 1B 提供电能；2 号进线电源通过隔离开关 1022 和断路器 102 为 2 号变压器 2B 提供电能。正常情况下，两路电源同时供电，两台主变压器同时工作。

如主变压器一、二级负荷的负载率较低，系统发生故障时，恢复供电操作十分方便。当一台主变压器或者一条电源线路故障退出运行时，只需在主变电所中压侧做转移负荷操作，由另一路进线电源的主变压器承担本变电所范围内的全部一、二级用电负荷，如图 2-2 中闭合母联断路器 300 即可实现，对相邻变电所无影响。但当主变压器一、二级负荷的负载率高，一台主变压器或者一条电源线路故障退出运行时，需要通过相邻主变电所联络来转移部分负荷，实现相互支援。

线路变压器组接线只配置 2 个设备单元，断路器少，接线简单，运行可靠、经济，有利于变电所实现自动化、无人化，造价省。但是，电源线路故障检修停运时，变压器将被迫停运，对变电所的供电负荷影响较大。

（2）中压侧电气主接线

主变电所中压侧均采用单母线断路器分段接线。图中，母线分段断路器（简称母联断路器）300 将母线分成两段，分别称为Ⅰ段母线和Ⅱ段母线。1 号变压器 1B 通过断路器 301 和隔离开关 3011 将中压电能输送至Ⅰ段母线，并通过馈线断路器 311、313、315、317 分别将中压电能输送至地铁沿线的降压变电所和牵引降压混合变电所。2 号变压器 2B 通过断路器 302 和隔离开关 3022 将中压电能输送至Ⅱ段母线，并通过馈线断路器 312、314、316、318 分别将中压电能输送至地铁沿线的降压变电所和牵引降压混合变电所。

根据城市电网的要求，不允许两路 110kV 电源在主变电所中并联。因此，在两路 110kV 电源同时供电的情况下，中压侧两段母线分列运行，即母联断路器 300 断开。

地铁沿线的降压变电所和牵引降压混合变电所可以从不同母线段取得中压电源；当主变电所一段中压母线失电时，通过闭合母联断路器 300，另一段中压母线可以迅速恢复对降压变电所和牵引降压混合变电所供电。在闭合母联断路器 300 的情况下，电源和主变压器仅能有一路工作。

2. 内桥接线的主变电所

某内桥接线的主变电所电气主接线如图 2-3 所示。

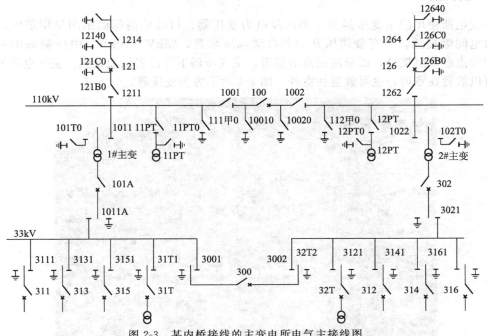

图 2-3 某内桥接线的主变电所电气主接线图

（1）高压侧电气主接线

该主变电所 110kV 侧采用内桥接线，即：110kV 进线电源中，1 号电源经过 1214 隔离开关、121 断路器、1211 隔离开关、1011 隔离开关，联络 1 号主变压器，形成 1 号系统；2 号电源经过 1264 隔离开关、126 断路器、1262 隔离开关、1022 隔离开关，联络 2 号主变压器，形成 2 号系统；在 1 号系统和 2 号系统之间，由 1001 隔离开关、100 断路器、1002 隔离开关形成连接桥，构成内桥接线（连接桥与主变压器之间仅有隔离开关，与进线电源之间有断路器，称为内桥接线；连接桥与进线电源之间仅有隔离开关，与主变压器之间有断路器，称为外桥接线）。

正常运行时桥断路器 100 断开，类似于线路-变压器组接线，两路进线电源各带一台主变压器。

因内桥接线线路侧装有断路器，线路的投入和切除十分方便。当送电线路发生故障时，只需断开故障线路的断路器，不影响另一回路正常运行。需要时也可以合上桥断路器由一路进线带两台主变压器。但主变压器故障时，则与该变压器连接的两台断路器都要断开，从而影响了另一回未故障线路的正常运行。另外，桥断路器检修时，电源线路需较长时间停运；出线断路器检修时，电源线路也需较长时间停运。

根据城市电网的要求，不允许两路 110kV 电源在主变电所中并联。因此，在两路 110kV 电源同时供电的情况下，桥断路器 100 处于分闸状态，中压侧两段母线分列运行，即母联断路器 300 断开。

（2）中压侧电气主接线

该主变电所中压侧也采用单母线断路器分段接线。结构与运行类似于线路-变压器组接线的主变电所。

三、主变电所的主要电气设备

1. 主变压器

主变电所使用的主变压器为三相油浸电力变压器，110kV高压侧采用星型绕组，中性点经放电间隙接地，带有载调压开关和自动调压装置；35kV（10kV）中压侧采用星型绕组，中性点经电阻接地，或采用三角形绕组。主变压器下方设置储油设施。主变电所的主变压器可以放置在室内，也可放置在室外。图2-4所示为主变压器。

(a) 室内放置的主变压器

(b) 室外放置的主变压器

图2-4 主变压器

2. 开关柜

主变电所使用的开关柜主要有高压（110kV）交流开关柜和中压（35kV或者10kV）交

流开关柜。

(1) 110kV开关柜

110kV开关柜是户内安装的GIS组合电器。GIS的中文全称是六氟化硫气体绝缘金属全封闭组合电器，110kV的断路器采用SF_6断路器、液压（或弹簧）操动机构，配置接地开关进行设备停电防护。

图2-5为线路-变压器组接线的高压开关柜工作照片。照片左侧为开关柜的控制保护柜。开关柜中的设备对应图2-2中1号系统侧的电压互感器1PT、隔离开关1011、断路器101、接地开关10140、101B0、母线，以及在图2-2中未绘制的电流互感器、避雷器等。或者对应图2-2中2号系统侧的电压互感器2PT、隔离开关1022、断路器102、接地开关10240、102B0、母线，以及在图2-2中未绘制的电流互感器、避雷器等。

图2-5 线路-变压器组接线的110kV高压开关柜工作照片

图2-6为内桥接线的高压开关柜工作照片。开关柜中的设备对应图2-3中主变压器以上的所有电气设备，包括电压互感器、避雷器、隔离开关、断路器、母线、电流互感器等。

这些高压电器设备被封装在圆筒型的外壳内，密闭的圆筒形外壳可靠接地，内部充满了规定压力的SF_6气体。

(2) 中压开关柜

中压开关柜也采用GIS，均为三相分箱式，中压断路器采用真空断路器，配用操动机构为弹簧贮能式或弹簧液压式，隔离开关一般采用三工位隔离开关（具有分闸、合闸、接地三个工作位置），个别采用隔离开关与接地开关的组合。

中压开关柜从外观上看，有柜型和圆筒型两种，其工作照片如图2-7和图2-8所示。

3. 接地电阻

作为主变压器二次侧中性点接地电阻，放置在专门房间。

4. 控制室设备

主要包括控制屏、信号屏、交直流屏，以及按照要求安装在控制室内的计量屏和保护屏。

图 2-6 内桥接线的 110kV 高压开关柜工作照片

图 2-7 圆筒型 35kV 中压开关柜工作照片

图 2-8　柜型 35kV 中压开关柜工作照片

5. 自用电变压器及交直流屏

自用电变压器是变电所内自用电电源，多为干式变压器，单独房间安装。

交直流屏放置在主变电所的控制室。

主变电所自用电设备包括：变电所的照明，变电所的通风设备，变电所的空调，变电所的检修设备，开关设备柜内的照明及电加热器，主变压器温控器，开关设备的操作与继电保护，综合自动化设备，火灾报警设备，气体灭火及排气设备（仅地下主变电所设置）。

照明包括正常照明和应急照明（备用照明），采用交流供电，其中地面主变电所正常照明为二级负荷，地下主变电所正常照明为一级负荷。应急照明为一级负荷中特别重要负荷。应急照明在正常照明失效时应能保证主变电所正常运行和设备检修所需要的照度要求。

通风设备为二级负荷，采用交流供电，正常的通风条件可保证主变电所电气设备正常运行的温度、湿度环境要求。

空调为二级负荷，采用交流供电。空调一般设于值班控制室和蓄电池室，用于保障运行人员的工作环境条件，保持蓄电池室适宜的环境温度，维持蓄电池的正常使用寿命。

检修设备为二级负荷，采用交流供电，当电气设备出现故障时，为维护、检修提供电源，及时解决电气设备的故障，保证电气设备运行的冗余度。

开关柜内部照明及电加热器为二级负荷，采用交流供电，为设备维护检查、查找故障隐患提供视觉条件，电加热器用于开关设备除湿，保障设备正常运行。

温控器为一级负荷，属于继电保护的基础设备，采用交流供电，为变压器的温度保护提供报警和跳闸信号。

开关设备的操作和继电保护的电源，属于一级负荷中特别重要的负荷，采用直流供电。具体设备有高压和中压开关设备的电动操作机构，微机综合保护装置，各种信号指示等。

综合自动化设备为一级负荷，采用交流供电，为远方电力调度中心的控制、监视以及故障的判断处理提供条件。

火灾报警设备为一级负荷中特别重要负荷，属于消防设备，正常采用交流供电，报警主机设有直流备用电源。发生火灾时及时报警和控制火情，为避免或减少生命与财产损失创造条件。

气体灭火及排气设备为一级负荷，属于消防设备，采用交流供电。用于电气设备发生火灾时的灭火和火灾后灭火气体的排出。

自用电设备均为低压供电，交流供电设备的负荷等级为一级负荷，因此需要两路低压电源。由于主变电所没有低压开关设备，自用电所需要的交流低压电源需要设置所用变压器。

因自用电中有一级用电负荷，这对电源可靠性的要求很高，因而主变电所设置两台所用变压器。两台所用变压器分接在中压配电系统的不同母线上，变压器中性点直接接地。所用变压器低压侧接至交流电源屏，作为两路交流进线电源。

根据主变电所自用电设备中存在消防负荷的情况，低压交流接线一般采用单母线分段设分段开关方式。每段母线为消防负荷提供一路电源，消防末级配电设备实施双电源切换。

自用电各设备的馈出回路独立设置，为三相四线制放射式配电。进线开关与各馈出开关具备馈出回路过负荷和短路情况下的全选择性。低压配电接地型式采用 TN-S。

为消防设备配电的馈出开关，过负荷保护动作于报警而不跳闸。

一级负荷中的特别重要负荷，增设蓄电池作为备用电源，如开关设备所需的直流操作电源、继电保护装置电源，由设置的直流电源屏提供。

交流电源屏为直流电源屏提供交流电源，直流电源屏采用高频开关电源模块将交流电源整流为所需直流电源，增设的蓄电池组正常处于在线浮充状态，待交流电源全部失电时，蓄电池放电实现不间断供电。

交流电源全部失电，蓄电池容量应满足规定时间内全所直流设备运行的容量要求，且应

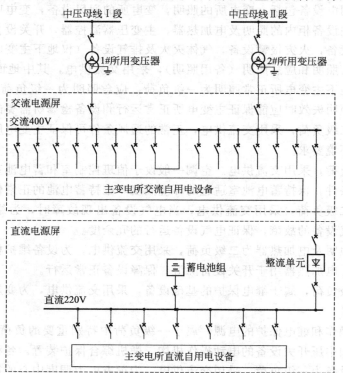

图 2-9　主变电所自用电接线示意图

满足在蓄电池放电末期最大冲击负荷容量的要求。按照《35～110kV变电所设计规范》（GB 50059—92）的要求，蓄电池容量满足全所事故停电的时间为1小时。

主变电所自用电接线如图2-9所示。

第二节　中压供电网络

一、中压供电网络的概念与分类

中压供电网络是通过中压电缆，纵向把上级主变电所和下级牵引变电所、降压变电所连接起来，横向把全线各个牵引变电所、降压变电所连接起来的一种供电设施。

根据中压网络功能的不同，为牵引变电所供电的中压网络称为牵引供电网络（简称牵引网络）；同样，为降压变电所供电的中压网络称为动力照明供电网络（简称动力照明网络）。目前，国内城市轨道交通工程经常采用的形式有牵引动力照明混合网络与牵引动力照明独立网络。

牵引动力照明混合网络采用同一电压等级，并通过公用电源电缆同时向牵引变电所、降压变电所提供中压电能，供电系统的整体性比较好。示意图如图2-10所示。

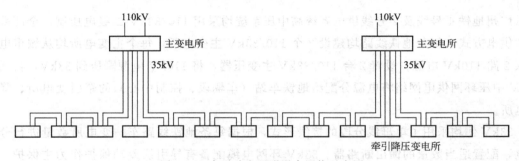

图2-10　牵引动力照明混合网络示意图

牵引动力照明独立网络既可采用不同的电压等级，也可以采用同一个电压级，牵引网络与动力照明网络相对独立，彼此相互影响较小。示意图如图2-11所示。

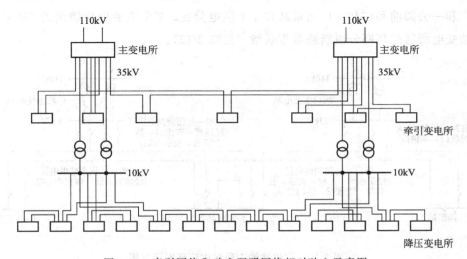

图2-11　牵引网络和动力照明网络相对独立示意图

对于集中式供电系统,牵引网络和动力照明网络可以采用各自独立网络,也可以共用混合网络。对于分散式供电系统,则采用牵引动力照明混合网络。

二、中压供电网络的电压等级

我国现行中压配电标准电压等级有35kV、20kV、10kV、6kV和3kV。国际标准中压配电标准电压等级有33kV和20kV。城市轨道交通中压网络电压等级是采用35kV还是采用33kV、20kV或者10kV,要结合外部电源、线路走向、运能、站点设置、设备供应情况等诸多因素,进行技术经济比较,选择适合工程实际的电压等级。例如上海、广州部分地铁线路由于历史条件限制,成套引进国外设备,因此采用了33kV电压等级;南京、深圳等城市采用了35kV电压等级,北京、长春、大连等城市则采用了10kV电压等级。

三、中压供电网络举例

1. 广州地铁1号线及2号线中压环网举例

广州地铁1号线及2号线供电系统高中压系统均采用110/33kV二级电压制,全部采用集中供电方式,每条地铁线路均建设2个110/33kV主变电所,每个主变电所均从城市电网引入2路110kV电源,设置2台110/33kV主变压器,将110kV电源降压到33kV,再通过33kV中压环网供电网络将电源分配给地铁车站(车辆段、控制中心)的牵引变电所、降压变电所。

33kV侧均采用了单母线分段的接线形式,根据每条地铁线路车站变电所数量进行分区供电,配置适当数量的馈出断路器。33kV环网电缆配备有导引线差动保护作为主保护,延时过电流保护作为后备保护。

广州地铁1号线供电系统33kV环网采用的是大供电分区方式,即供电分区正好是主变电所数量的2倍。地铁1号线设有坑口和广和2个主变电所,所以有坑口—西朗、坑口—公园前、广和—公园前和广和—广州东站共4个供电分区。2个主变电所馈出的33kV电源在公园前站变电所通过环网分段断路器相联络(见图2-12)。

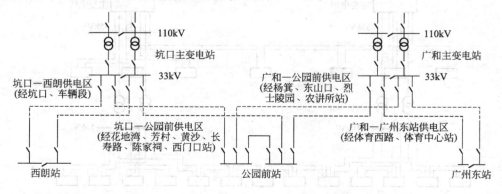

图2-12 广州地铁1号线中压环网示意图

由图 2-12 可见，坑口主变电所 33kV 2 段母线的 4 路馈线电缆分别交叉给坑口降压变电所的 2 段母线及花地湾 A、B 降压变电所供电；广和主变电所 33kV 的 2 段母线 4 路馈线电缆分别交叉给体育西路 A、B 所及杨箕 A、B 所供电。公园前站的 A、B 变电所及控制中心变电所在正常运行时，电源分别来自坑口和广和 2 座主变电所。各车站变电所依次分别环接，只有当一个主变电所全所解列时，才由 OCC 控制中心通过电力监控（SCADA）系统将公园前环网分段断路器遥控合闸，由另一主变电所承担全线的Ⅰ、Ⅱ级牵引负荷及动力照明负荷用电。

广州地铁 2 号线及其他一些广州地铁线路（如 3、4 和 5 号线）供电系统 33kV 环网采用的是小分区供电方式，即供电分区的数量比主变电所数量的 2 倍还要多。具体有多少供电分区视供电分区内串接的车站变电所数量而定（一般串接 2~4 个车站变电所）。地铁 2 号线设有瑶台和河南两个主变电所，共有瑶台—江夏、瑶台—越秀公园、瑶台—海珠广场、河南—市二宫、河南—中大、河南—琶洲 6 个供电分区。由于河南主变电所靠近车辆段，所以车辆段变电所是单独一个供电分区，这样供电分区总数达到了 7 个。2 号线 2 个主变电所馈出的 33kV 电源在市二宫站变电所通过环网分段断路器相联络。广州地铁 3、4 和 5 号线也类似。

广州地铁 2 号线工程供电系统示意图如图 2-13 和图 2-14 所示。

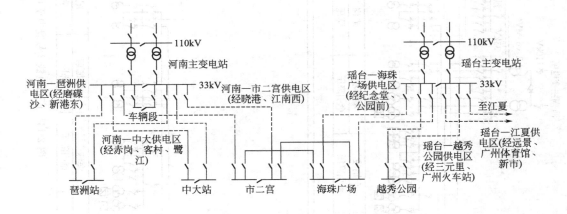

图 2-13 广州地铁 2 号线中压环网示意图一

2. 上海地铁 2 号线（一期工程）中压环网

（1）33kV 牵引供电网络

① 网络接线　上海地铁 2 号线一期工程设置了 7 座牵引变电所。如图 2-15 所示，其牵引网络构成为：中山公园站、静安寺站牵引变电所的两路 33kV 电源分别来自静安寺主变电所的 33kVⅠ、Ⅱ段母线；东方路站、中央公园站、停车场牵引变电所的两路 33kV 电源分别来自中央公园的主变电所的 33kVⅠ、Ⅱ段母线；人民公园站牵引变电所的两路 33kV 电源分别来自静安寺主变电所的 33kVⅡ段母线和中央公园的主变电所的 33kVⅠ段母线；陆家嘴站牵引变电所的两路 33kV 电源中分别引自静安寺站主变电所的 33kVⅠ段母线和中央

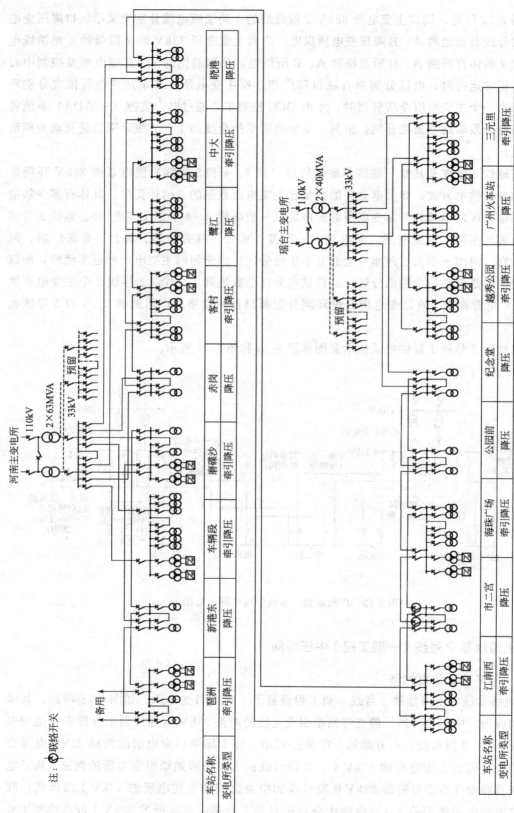

图 2-14 广州地铁 2 号线中压环网示意图二

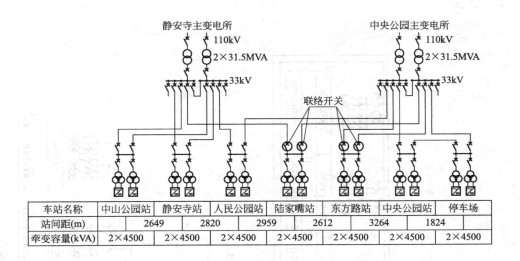

图 2-15　上海地铁 2 号线一期工程牵引网络供电系统图

公园的主变电所的 33kV Ⅱ 段母线。

静安寺主变电所的 33kV Ⅱ 段母线用 33kV 电缆经人民公园站牵引变电所的 33kV 母线与中央公园的主变电所的 33kV Ⅰ 段母线联络；静安寺主变电所的 33kV Ⅰ 段母线用 33kV 电缆经陆家嘴站牵引变电所的 33kV 母线与中央公园的主变电所的 33kV Ⅰ 段母线联络。

② 运行方式　正常情况下，每座主变电所的两路 110kV 电源和两台主变压器分列运行。主变电所 33kV 母线分段开关打开，两段母线分列运行。主变电所 33kV 馈线向牵引负荷供电。

(2) 10kV 动力照明网络

① 网络接线　上海地铁 2 号线一期工程设置了 37 座降压变电所。共设有 6 个供电分区，如图 2-16 所示，其动力照明网络构成为：静安寺主变电所为江苏路站和中山公园站、静安寺站和石门一路站、人民公园站和河南中路站及陆家嘴站三个供电分区供电，江苏路站、静安寺站、人民公园站的降压变电所两路 10kV 电源分别来自静安寺主变电所的 10kV Ⅰ、Ⅱ 段母线，为电源引入点。中央公园主变电所为东方路站和东昌路站、中央公园站和杨高路站、龙东路站和停车场三个分区供电，东方路站、中央公园站、龙东路站的降压变电所两路 10kV 电源分别来自中央公园主变电所的 10kV Ⅰ、Ⅱ 段母线，为电源引入点。陆家嘴站降压变电所的两路 10kV 电源分别来自河南中路站降压变电所的 10kV Ⅰ、Ⅱ 段母线，并有两路 10kV 电缆与相邻的东昌路站降压变电所的 10kV Ⅰ、Ⅱ 段母线进行联络。

② 运行方式　正常情况下，每座主变电所的两路 110kV 电源和两台总配电变压器分列运行。主变电所 10kV 母线分段开关打开，两段母线分列运行。主变电所 10kV 向动力照明负荷供电。

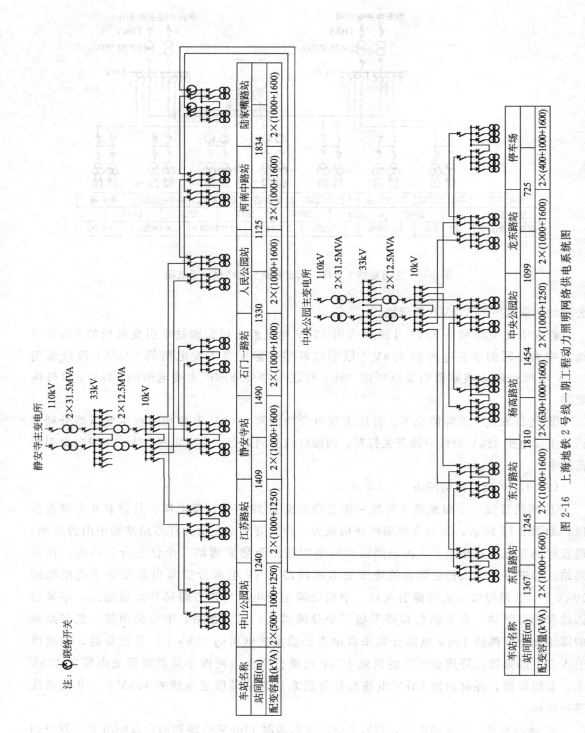

图 2-16 上海地铁 2 号线一期工程动力照明网络供电系统图

第三节 降压变电所

一、降压变电所结构与功能

城市轨道交通每个车站都应设降压变电所，因为它是保证旅客旅行中有良好秩序和良好环境的动力供应中心，降压变电所的位置应靠近负荷中心，尽量靠近大负荷空调设施的冷水机组，以缩短电缆长度和减小电缆截面，降低能耗。

降压变电所在有牵引变电所的车站一般与牵引变电所合建成牵引降压混合变电所，在下节予以讲解；在没有牵引变电所的车站则单独建降压变电所。如为地面车站，则与地面站务用房合建。

地铁车站一般是中部为公共区，两端为设备区，主要电气设备多数集中在两端的设备区内。每座地铁车站降压变电所的设置方式一般有以下四种：其一，设置1座降压变电所，位置选在车站低压负荷的重负荷端；其二，当车站规模较大时，可以在车站A端设置1座降压变电所，车站B端设置1个低压配电室，低压配电室的电源引自降压变电所。车站A端（包括站内和临近区间）电气设备的电源引自降压变电所的低压开关柜，车站B端（包括站内和临近区间）电气设备的电源引自低压配电室的低压开关柜；其三，车站A端设置1座降压变电所，车站B端设置1座跟随式降压变电所，跟随式降压变电所的进线电源采用交流35kV（或10kV），电源引自A端降压变电所。车站A端（包括站内和临近区间）电气设备的电源引自降压变电所的低压开关柜，车站B端（包括站内和临近区间）电气设备的电源引自跟随式降压变电所的低压开关柜。其四，当车站两侧的负荷都比较重时，也可以分别在车站的两侧建立降压变电所A所和B所。

一个车站设置1座降压变电所时，降压变电所平面布置如图2-17所示。

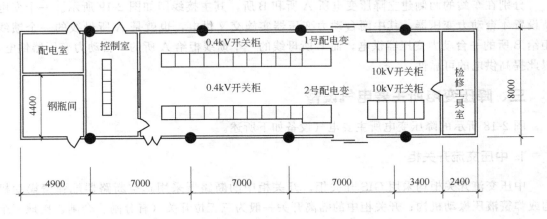

图2-17 降压变电所平面布置图

地铁的降压变电所与城市电网的10kV（或35kV）变电所一样，都是将中压电能经变压器变为380V/220V电源供动力照明负荷用电，主要结构与设备与工业与民用建筑降压变电所一样，所不同的就是设有钢轨电位限制装置。在引入电源方面，每座降压变电所均从中压环网引入两路电源，有条件时还应从相邻变电所或市电引一路备用电源，对于特别重要的负荷如控制系统计算机设备等负荷还应设蓄电池作为备用电源。

二、降压变电所电气主接线及其运行方式

典型的降压变电所的电气主接线如图 2-18 所示。变电所的中压侧、低压侧均为单母线分段接线，设置母线分段断路器 103 和 803，正常运行时均处于分闸位。设两台动力变压器，其中性点直接接地，分别负责向本变电所所在半个车站及半个区间内的动力照明负荷供电。正常运行时两台动力变压器分别运行同时供电，当任一台动力变压器因故障退出运行时，通过低压侧联络开关 803 的闭合，由另一台动力变压器负担全所一、二级动力照明负荷。

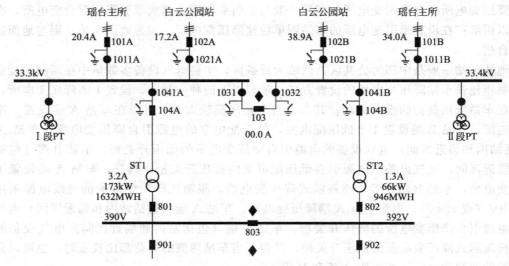

图 2-18 典型的降压变电所主接线图

分别在车站的两侧建立降压变电所 A 所和 B 所，其主接线图如图 2-19 所示。一个变电所设置 4 台动力变压器，其中两台动力变压器实施交叉供电，也就是 A 所母线的一个馈线柜给 B 所的一台动力变压器供电，而 B 所母线的一个馈线柜给 A 所的一台动力变压器供电，以此提高供电的可靠性。

三、降压变电所主要电气设备

图 2-18 所示的降压变电所主要电气设备如下所述。

1. 中压交流开关柜

中压交流开关柜均采用 GIS 开关柜。开关柜中的断路器采用真空断路器配弹簧操动机构或弹簧液压操动机构；开关柜中的隔离开关一般为三工位开关（有分闸、合闸、接地三个工作位置）配用电动机操动机构。

① 进出线柜：负责与主变电所及相邻混合变电所、降压变电所联系的开关柜。如图 2-18 所示，断路器 101A（101B）、隔离开关 1011A（1011B）为主要设备的 101A（101B）开关柜通过中压电缆与瑶台主变电所联络，而断路器 102A（102B）、隔离开关 1021A（1021B）为主要设备的 102A（102B）开关柜通过中压电缆与瑶台主变电所联络。

② 馈线柜：变电所中压母线连至动力变压器的开关柜。如图 2-18 所示，断路器 104A（104B）、隔离开关 1041A（1041B）为主要设备的 104A（104B）开关柜通过中压电缆实现

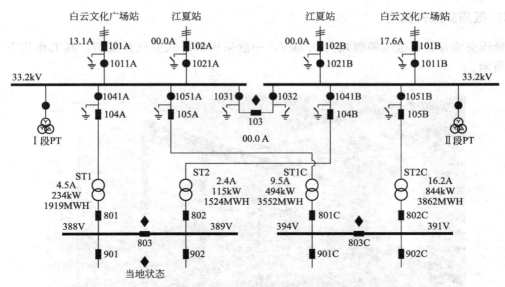

图 2-19 在车站两端分别设置 A 所和 B 所的降压变电所主接线图

中压母线与动力变压器 ST1（ST2）的联络。

③ 母联柜：连接变电所两段母线的开关柜，并配有避雷器及电压互感器。如图 2-18 所示，断路器 103、隔离开关 1031、1032、电压互感器（PT）为主要设备的 103 开关柜。

④ 空柜：当变电所结构受到影响，在 35kV 开关柜下方位置有结构梁，为了保证开关柜母排连通而增加的柜体。柜内只设有母线气室（SF_6 气体）。

2. 动力变压器

动力变压器一般采用干式变压器，其外形图如图 2-20 所示。绕组联接组别采用 Dyn11（中压侧三角形绕组、低压侧星形绕组中性点接地）或者 Yyn0（中压侧星形绕组中性点不接地、低压侧星形绕组中性点接地）。

图 2-20 动力变压器外形图

3. 低压交流开关柜

低压交流开关柜电压等级均为 0.4kV，一般采用抽屉式空气开关柜，其工作状态如图 2-21 所示。

图 2-21　0.4kV 开关柜工作状态图

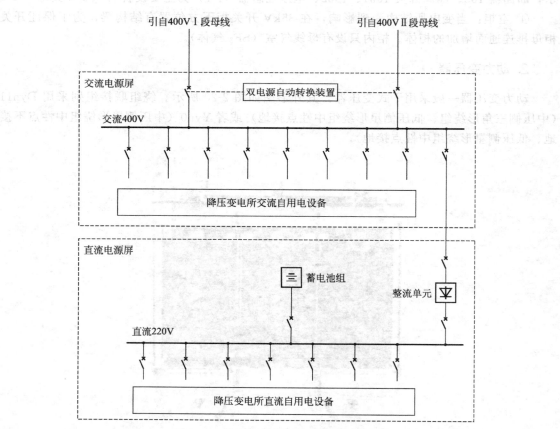

图 2-22　降压变电所自用电接线示意图

4. 控制室设备

主要包括控制屏、信号屏、交直流屏，以及按照要求安装在控制室内的计量屏和保护屏。

四、降压变电所的自用电

降压变电所自用电设备包括：变电所的检修设备，开关设备柜内的照明及电加热器，配电变压器温控器，中压开关设备的操作与继电保护（采用断路器），变电所综合自动化设备，气体灭火及排气设备（仅地下变电所设置）。

降压变电所的自用电电源取自两台动力变压器。交流电源屏的两路交流进线电源由低压开关设备不同母线提供，交流电源屏低压接线采用单母线接线形式，在电源进线处设置电源自动转换装置。降压变电所自用电接线如图 2-22 所示。

第四节　牵引降压混合变电所

在城市轨道交通牵引供电系统中，电能从牵引变电所经馈电线、接触网输送给电动列车，再从电动列车经钢轨（称轨道回路）、回流线流回牵引变电所。牵引变电所是牵引供电系统的核心。牵引变电所的数量、容量和设置的距离是根据牵引计算的结果，并经过经济技术比较后确定的。它们一般设置在城市轨道交通沿线若干车站及车辆段附近。每个牵引变电所按其所需容量设置两组牵引整流机组并列运行，沿线任一牵引变电所故障解列，由两侧相邻的牵引变电所共同承担该区段的全部牵引负荷。

牵引变电所的容量和设置的距离一般需考虑以下设计原则和技术条件：

① 正线任一牵引变电所故障时，其相邻牵引变电所应采用越区供电方式，负担起该区段的全部牵引负荷，此负荷应满足远期高峰小时负荷；

② 牵引变电所的数量及其在线路上的位置，应满足在事故情况下越区或单边供电时，接触网的电压水平；

③ 在任何运行方式下，接触网最高电压不得高于最高值，高峰小时负荷时，全线任一点的电压不得低于最低值，具体数值参见表 1-2。

牵引变电所往往与降压变电所合建，成为牵引降压混合变电所。平面布置图如图 2-23 所示。

一、牵引降压混合变电所电气主接线及其运行方式

某牵引降压混合变电所的电气主接线如图 2-24 所示，交流中压侧和交流低压侧接线形式均为单母线分段接线。

以动力（降压）变压器 ST1 和 ST2 为核心构成的降压部分结构与运行方式同降压变电所，这里不再详述。

每个牵引降压混合变电所按其所需容量设置 2 组整流机组，如图 2-24 中的 RCT1、RCT2。两组整流机组均由相同的整流变压器和整流器组成，它们的交流侧和直流侧均为并联工作。由于城轨交通供电系统的中压供电网络或者城市电网很难保证两路中压电源电压平衡，故在牵引变电所中，交流中压侧（35kV）采用不分段的单母线，两组整流机组并联运行，这样也可以使两套整流机组负荷均衡，也有利于构成等效 24 脉波整流。

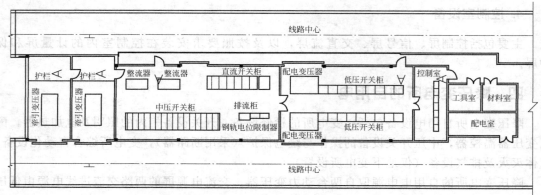

图2-23　牵引降压混合变电所平面布置图

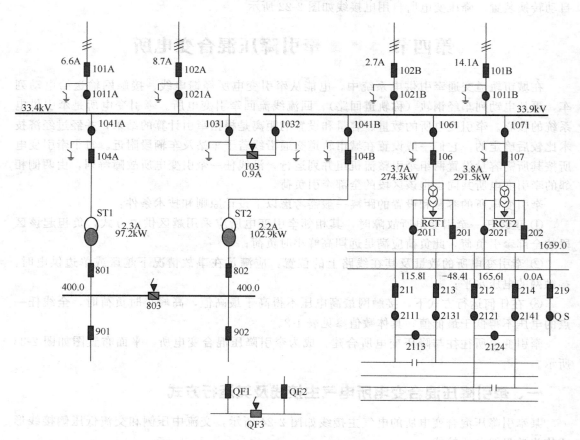

图2-24　典型的牵引降压混合变电所主接线图

整流机组一般采用24相全波脉动整流，多相整流可获得比较平滑的直流电，并可减少对电网的谐波污染。整流器输出的直流电正极经断路器201（202）接到正母线，负极经隔离开关2011（2021）接到负母线。正母线通过馈线断路器211、212、213、214以及馈线隔离开关2111、2121、2131、2141将电能分别送到左右两个方向的上下行接触网上；负母线经回流线与钢轨相连。电动车组的受电弓与接触网接触滑行时，其牵引电动机就可从整流机组获得1500V（或者750V）的直流电。

当其中一套机组因故退出运行时，另一套机组在具备运行条件时不应退出运行。该运行条件系指：牵引整流机组过负荷满足要求；谐波含量满足要求；不影响故障机组的检修。如果这些条件能满足，那么一套牵引整流机组维持运行，既可保持列车运行，还可降低能耗、降低轨电位、减少杂散电流的影响。

为简化接线，牵引变电所的直流馈线侧不设置备用的馈线断路器，纵向电动隔离开关 2113、2124 作为牵引变电所 4 路馈线断路器 211、212、213、214 的备用开关，正常运行时均处于分闸位。当某一台馈线断路器（如 211 断路器）故障或者检修时，可以通过闭合纵向电动隔离开关（2113）实现一台馈线断路器同时对车站两个方向的接触网供电。当两台馈线断路器（如 211、213）同时故障或者检修时，闭合纵向电动隔离开关（2113）可以构成大双边供电。当整座牵引变电所（含隧道开关柜）故障解列退出运行时，也可以由纵向电动隔离开关构成大双边供电，使地铁正常运行。当然，纵向电动隔离开关操作是有联锁条件的：其一，只有当确认纵向电动隔离开关两侧的牵引网没有电压时，才可以进行操作；其二，故障牵引变电所向上（下）行牵引网馈电的 2 路馈出开关与左右两侧相邻牵引变电所向同一馈电区供电的 2 路馈出开关皆处于分闸状态时，才可以操作。其三，故障牵引变电所向上（下）行馈电的两路馈出开关处于分闸状态，由调度确定该区间无车辆运行时才可以进行操作。

二、牵引降压混合变电所主要电气设备

降压所部分的主要电气设备包括交流中压开关柜、交流低压开关柜、动力变压器等，上节已作讲解，这里不再重述。

1. 整流机组

整流机组是牵引降压混合变电所的重点设备，它包括整流变压器和整流器。整流变压器采用户内环氧树脂浇注变压器，无载调压。详见下节。

2. 直流开关柜

① 进线柜（正极柜）：进线柜是用于连接整流器正极与 1500V（或 750V）正极母线间的开关设备，实现整流机组向 1500V（或 750V）直流正极母线馈电的控制，如图 2-24 中的 201、202。

② 馈线柜：馈线柜是安装于 1500V（或 750V）直流正极母线与接触网上网隔离开关之间的设备，柜体配置 1500V（或 750V）正极母线、断路器及相关控制、保护设备，实现对 1500V（或 750V）直流母线向接触网馈电的控制和保护。柜内装设手车式直流快速断路器，手车能方便地拉出和推入，且应具有"运行"、"试验"、"移开"三个明显的位置和标志。如图 2-24 中的 211 和 2111、212 和 2121、213 和 2131、214 和 2141。

③ 空柜：由于变电所结构影响，在 1500V（或 750V）直流开关柜下方位置有结构梁，为了保证开关柜母排连通而增加的柜体。

④ 负极柜：负极柜是连接于整流器阀侧（负荷侧）负极与回流钢轨之间的开关设备，柜内装设手动隔离开关，开关柜前部设可挂锁的金属门，上部有一个低压组件室。

⑤ 端子柜：端子柜是专门用于放置双边联跳保护的联跳继电器及联跳端子排的柜体，接触网电动隔离开关与直流馈线开关的闭锁继电器、低阻抗框架保护装置及端子排也放置在本柜内，端子柜与馈线柜并排放置。

详见本章第六节。

3. 排流柜

排流柜是杂散电流腐蚀防护系统中的重要设备，当排流网中的杂散电流过大时，通过排流柜直接排入负极。详见本书第六章。

4. 钢轨电位限制装置柜

为了降低车体与地之间的接触电压和跨步电压，一般在设有牵引变电所的车站和车场设置钢轨电位限制装置，在走行轨对地电位超标时，可将走行轨和变电所接地母排连接起来，这是国际上通用的一种保护人身安全的防护措施。详见本书第四章。

三、牵引降压混合变电所的自用电

牵引降压混合变电所自用电的交流电源引自所内低压开关设备的不同母线，一般采用单母线接线方式，引入端设置电源自动转换装置。牵引降压混合变电所自用电接线如图2-25所示。其余内容同主变电所。

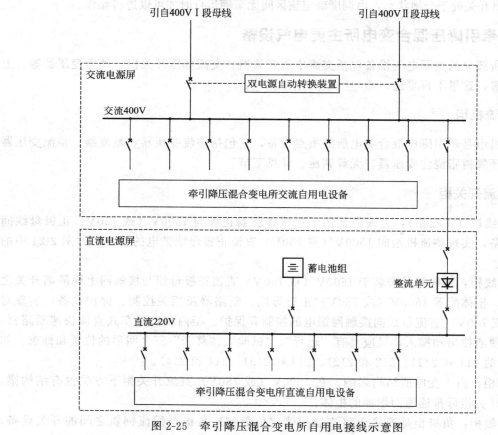

图 2-25 牵引降压混合变电所自用电接线示意图

第五节 ● ● ● 牵引整流机组

整流机组是地铁牵引变电所最重要的设备，其作用是将环网电缆35kV AC（或33kV

AC、10kV AC）电压降为交流 1180V，再整流输出直流 1500V，经网上电动隔离开关给接触网供电，实现直流牵引。整流机组由整流变压器和整流器组成。

一、整流机组工作原理

为了提高功率因数、降低牵引变压器网侧线电压波形畸变，以减少对电网的干扰，以及降低输出直流电压的纹波系数，城轨交通供电系统中的牵引整流机组采用等效 24 脉波整流电路。

我们知道，在正弦波 0～2π 之间，如果是 24 相整流，就有 24 个脉波，每个脉波长度为 π/12。为了获得等效 24 相脉波的整流电压，就必须使两台整流变压器的二次侧输出之间移相 15°角。

实际产品中，两台整流变压器分别与 12 相整流器组成独立的 12 相整流系统。每一台整流变压器高压绕组都采用双绕组结构，并且采用三角形移相方法，使两台变压器分别移相 ±7.5°角，其中一台整流变压器移相 +7.5°角，绕组连接为 Dy7-d2，如图 2-26 所示；另一台则移相 -7.5°角，绕组连接为 Dy5-d0，如图 2-27 所示。由此，两台整流变压器一次侧并联接在同一电网中，二次侧电压相同，相位相差 15°角。每台变压器二次侧分别连接两组三相全波桥式整流电路，如图 2-28 所示，输出等效直流 12 相脉波电压。两组等效 12 相整流输出并联，构成 24 相整流输出电压。

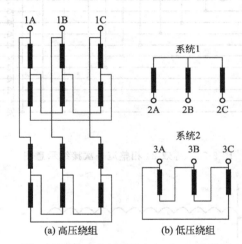

图 2-26　整流变压器绕组 Dy7-d2 连接图

如果只考虑其中一个整流机组整流后输出的直流电压波形时，可得到其直流波形，如图 2-29 所示，其输出直流波形在一个周期中脉动 12 次，每个波动的间隔为 30°电角度。当两个整流机组并联运行后，输出的直流波形如图 2-30 所示，即在一个周期内有 24 脉波。图 2-30 中的波形可由图 2-29 的波形自相叠加并平移 15°后得到。

根据以上原理构建的整流器系统如图 2-31 所示。

二、整流变压器的结构与维护

1. 整流变压器的结构

整流变压器为干式变压器，外观如图 2-32 所示。

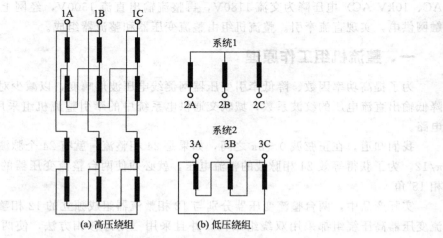

图 2-27 整流变压器绕组 Dy5-d0 连接图

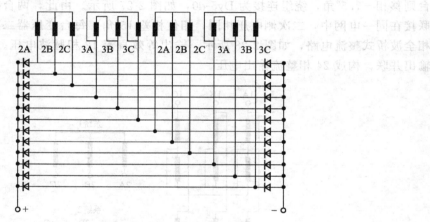

图 2-28 等效 24 相整流一次接线示意图

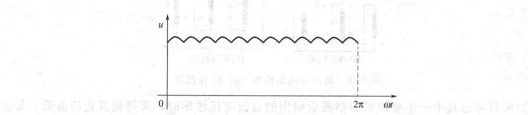

图 2-29 单台变压器整流后输出的波形（一个周期）

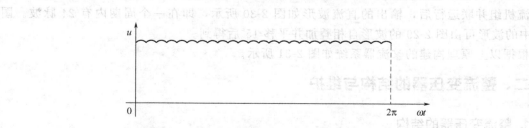

图 2-30 两台变压器整流后输出的波形（一个周期）

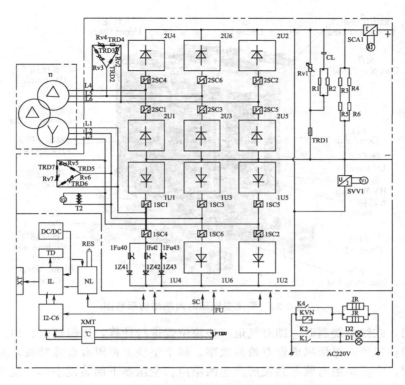

图 2-31 整流器系统原理图

1Fu11~2Fu63—快速熔断器；Rv1~Rv7—压敏电阻；PT100—温度传感器；XMT—温度控制器；
KWN—凝露控制器；R1、R2、C1—直流侧吸收RC；R3~R6—负载电阻；V1—直流电压表；
A1—直流电流表；V2—交流电压表；D1、D2—前后门照明灯；K1、K2—行程开关；
K4—手动开关；JR1、JR2—电加热板；RES—复位按钮；11~16—可编程控制器；
TD—液晶显示屏；DC/DC—电源板；XT—故障输出端子；NL—逆流保护

图 2-32 整流变压器外观图

整流变压器的内部结构如图 2-33 所示。变压器每柱四线圈结构，两两上下叠装，通过铁芯夹件压板、绝缘垫块将绕组压紧。垫块与夹件间采用压钉结构，垫块与绕组间以硅橡胶板压紧，形成一个弹性缓冲结构。线圈的轴向采用螺栓压紧垫块，此种结构可保证每个垫块紧固无松动，可避免由于夹件或线圈端部不平整而造成受力不均的现象。为保证每个散热气

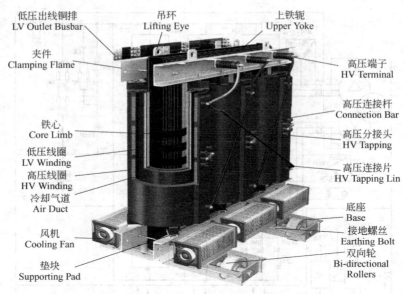

图 2-33 整流变压器的内部结构示意图

道的有效利用,在线圈绕制时,即对气道、垫块位置进行计算,以保证上、中、下三层垫块压紧时,不堵住气道,保证风道保有最高效率。每个垫块上都附有硅橡胶板,对线圈起着缓冲防震的作用,降低绕组与铁芯共振所产生的噪声。变压器下部装设小车,便于变压器整体纵向或横向移动,并能固定安装,顶部设置起吊用吊环。

高压线圈为多层分段圆筒式,两线圈(△连接)并联轴向双分裂,网侧移相,中部出线结构。线圈采用铜导线绕制,玻璃纤维做加强,在真空下用 H 级环氧树脂浇注。环氧树脂是在严格的工艺条件下,经过真空脱泡,使浇注后线圈内部无气泡、无局部放电。线圈具有外表美观、绝缘性能好,并且具有极好的耐湿性能,防污染,可在恶劣环境中正常运行。具有机械强度高、抗短路性能好及难燃自熄的特点,且当工作温度发生剧烈变化时,线包表面不会开裂等特点。

低压线圈为轴向双分裂结构,y 连接和 d 连接上下分别出线(在图 2-26 和图 2-27 中,系统 1 为 y 连接,系统 2 为 d 连接),且各设一散热气道,低压线圈利用同一内模分开绕制,使得线圈内、外径尽量相同,气道内外尺寸相同,确保单组阻抗的平衡及散热要求。线圈采用铜导线绕制,玻璃纤维做加强,在真空下进行 H 级环氧树脂浇注,其工艺与高压线圈相同。

变压器的低压线圈中,上线圈温升会高于下线圈温升,因此在温升设计时以上线圈为准。由于两组低压线圈匝数不一致,在高压线圈上采取上、下线圈匝数不一致方式,保证了变压器的电压比。并在高压线圈主绕组和移相线组上均设置分接头,有效地保证了各挡分接的电压比。在高压线圈首末端均加强了绝缘,减小了雷电冲击对变压器的损坏。

考虑地铁潮湿的使用环境,变压器铁芯表面使用黑色环氧树脂漆,该漆防锈能力强,保证铁芯不生锈。

2. 整流变压器的维护要点

为了保证变压器能正常运行,需对它进行定期监视和维护。

(1) 应经常监视温控仪温度显示值,及时掌握变压器运行情况,并注意有无异常声音及振动。

(2) 变压器三相负载不平衡时,应监视最大一相的电流和最高一相的温度,接线为 Yyn0 的变压器允许的最大中性线电流为低压线电流的 25％,Dyn11 变压器允许的最大中性线电流可与低压线电流相同。

(3) 当变压器有以下情况时,如风机运转不正常、温度显示异常、绕组树脂绝缘外观有微小裂纹等现象时,不准超铭牌运行。应查找原因或与制造单位联系确认。

(4) 干燥清洁的场所,每年或更长一点时间进行一次检查;在其他场合,例如:有灰尘或混浊的空气中运行,每三至六个月进行一次检查。重污秽地区,每月须进行停电维护检查。

(5) 检查时,如果发现灰尘聚集过多,则必须清除以保证空气流通和防止绝缘击穿,但不得使用挥发性的清洁剂,特别注意要清洁变压器的绝缘子、绕组装配的顶部和底部,并使用压缩空气吹净通风气道中的灰尘。压缩空气的流动方向与变压器运行时冷却空气的流动方向相反。

(6) 检查紧固件、连接件是否松动,导电零件以及其他零部件有无生锈、腐蚀的痕迹,还要观察绝缘表面有无碳化和电蚀痕迹。如发现,要采取相应的措施进行处理。

3. 安全注意事项

① 变压器、变压器外壳或变压器隔离围栏应接地良好,并有安全警告标志。

② 变压器投入运行以后,禁止触摸变压器主体,以防止事故发生,无励磁调压变压器严禁带电调压。

③ 变压器进行高压试验前,应将温度传感器电缆从温控箱上卸下,以防损坏温控箱。所有温度传感器、传感线、二次控制线不得与变压器的带电部分接触。

三、整流器的结构与维护

1. 整流器结构

在牵引变电所中,整流器实际上是由两面整流器柜来实现。整流器柜采用 1200mm×1200mm×2300mm(宽×深×高)的金属屏柜,柜体无焊接,全部采用螺栓联接。在柜体的前后门下部开有进气网孔,上部设有散热通风孔,两侧封盖。柜体经电镀锌处理,防腐性强,表面静电塑料喷粉。

两个三相整流桥分别装于两个屏柜内,整流器柜从前后开门可以清楚看到垂直排列的三列元件。其中一个柜内放置 4、6、2 桥臂,另一柜内放置 1、3、5 桥臂。两个三相桥的对应序号桥臂 1U1 和 2U1、1U3 和 2U3…并联在一起,共阳极或共阴极组成一组整流堆,每组整流堆由一个加工成条状的散热器和 6 个块状的散热器压装上二极管组成,每组整流堆有 6 只二极管,每柜共六组整流堆。

交流汇流母排 L1、L2、L3、L4、L5、L6 及直流输出母排 L+、L−集中在屏柜的下方进、出线。快速熔断器一端接至交流母排上,另一端用铜排与块状(独立)散热器联接。柜体的防护等级为 IP20。柜前有模拟图,显示整流器的接线方式。

整流器柜屏面图如图 2-34 所示。包括仪表(交流输入电压表、直流输出电流表、直流输出电压表)、按钮及指示灯、保护电源指示灯、加热按钮、加热切除按钮、凝露指示灯、复位按钮、故障指示灯、故障信息显示屏(快速熔断器熔断显示、霍尔传感器电源故障显示、整流器超温显示、整流器最热点温度显示)。

整流器柜内部结构如图 2-35 所示。

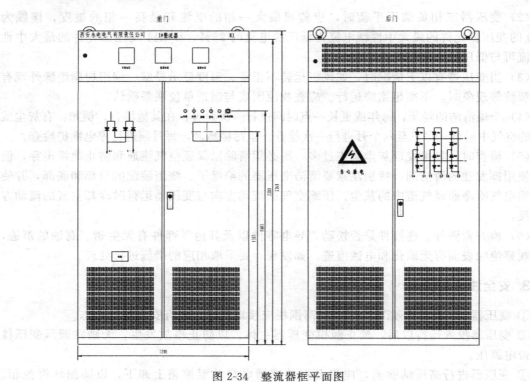

图 2-34　整流器框平面图

图 2-35　整流器柜内部结构图

2. 整流机组的运行与维护

对于整流器组来说，由于其工作电压不是很高，故对绝缘水平的要求相对较低。检修时，一些高压试验项目如交直流耐压试验、局部放电试验等一般都可以不用做，只要用摇表测试其绝缘合格后就可以送电投入运行。但是由于受整流器的负荷特性影响，其内部一次元件容易松动,因此平时对设备的巡视维护工作很重要,特别是对整流器、熔断器、RC回路等一次元件的紧固、过热监测等工作要极为重视。

牵引整流器的维修分为日常巡视、周期性维护检修。

(1) 日常巡视

由变电所值班员或巡检人员操作(列入交接班巡视内容),巡视内容见表2-1。

表2-1 整流器巡视项目

序号	项目	周期
1	外壳,接地部分良好	每月
2	设备无异常声响,无异常气味	每天
3	设备无过热现象(采用红外测温量)	每月,重点检查RC回路中的各个元件有无过热现象
4	电压、电流各表运行正常,各个表计的读数无异常	每天
5	二次端子连接紧固,整齐	每月,目视检查
6	检查二极管的保险有无熔断	每天
7	散热器散热正常,RC回路工作正常	每天
8	整流器柜体外壳螺丝检查,柜顶检查	每月

(2) 周期性维护检修

整流器的维护检修周期一般为一年,对于运行环境较恶劣特别是灰尘较大的整流器应该适当缩短。其项目见表2-2。

表2-2 整流器维护项目

序号	检修项目	标准	采用方法
1	清扫二极管、散热器、熔断器	无积尘	吸光器
2	清扫绝缘件	无积尘、无污垢	用线棉布清洁或吸尘器或不大于1bar干燥的压缩空气
3	清扫电阻电容	无积尘	
4	清扫母排	无积尘、无污垢、表面无氧化	
5	清扫电流互感器	无积尘	
6	清扫逆流保护模块	无积尘	
7	检查母排连接	无松动	目视
8	检查电缆进出线连接	紧固、无松动	目视、力矩扳手
9	二极管与熔断器连接	用24Nm力矩扳手紧固无松动	目视
10	检查熔断器	无熔断	目视
11	检查绝缘件	无破损、裂痕	目视
12	检查电容器	有无放电现象	目视
13	检查CT二次线	无松动	目视
14	检查逆流保护模块连接	无松动	目视、手摇
15	主回路绝缘测量(正、负母排)	>1.5MΩ(保护模块进线、表计线后测)	用2500MΩ兆欧表

第六节 直流开关柜

直流开关柜是城轨交通直流供电系统中的核心设备，安装在牵引变电所或者牵引降压混合变电所中，完成直流电能的控制与分配，实现对馈线、接触网或者接触轨等设备的测控、保护以及与上位监控设备的总线通信。

地铁变电所中的直流开关柜包括 750V、1500V 两种电压等级。工作状态如图 2-36 所示。大多数地铁工程所需开关柜设备主要由以下 5 种柜体或箱体组成：进线柜、馈线柜、负极柜、端子柜、钢轨电位限制装置。本节以镇江大全赛雪龙牵引电气有限公司生产的 KMB 金属封闭式直流开关柜为例进行介绍。

图 2-36 直流开关柜工作状态图

一、直流开关柜的基本结构

直流开关柜为空气绝缘、金属封闭式、户内成套设备，由一系列标准化单元组成，如低压室、断路器（手车）室、母线室、电缆室等，如图 2-37 所示（左侧为正面、右侧为背面）。

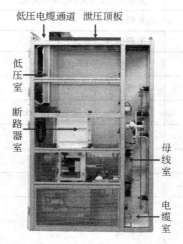

图 2-37 直流开关柜柜体结构图

1. 断路器室

断路器室包含抽出式断路器手车、机械闭锁机构、手车导轨、手车接地触点；可抽出式断路器手车上安装了直流断路器、分流器、线路测试装置、断路器控制装置等设备。

通过一个机械机构可很容易地将断路器手车在"工作"位置和"试验"位置变换，当拔掉航空插头后，无需专用工具即可将断路器手车从柜体抽出并移开，使手车移出开关柜，移出开关柜后的断路器手车与开关柜失去所有联系（电路连接、机械联锁等）。

断路器室门是手车抽出（进入）断路器室的出入口，与手车位置联锁。当手车在"工作"位置或手车只要在"工作"位置和"试验"位置之间的中间位置，门将被闭锁在关闭位；当断路器处于"试验"位置时，柜门可打开并可抽出手车；这里必须强调，只有当断路器处于分闸状态时，才可将手车拉出至柜体外部。移出的手车再推入开关柜时，首先移动至"试验"位置，此时须关闭柜门才能旋转手车操作手柄移动手车，使之到达"工作"位置时。

断路器室内还设置了一个自启动的活门，当手车处于试验位置时，活门关闭并闭锁，使直流断路器（HSCB）手车触头不能插入，防止活门误操作而从柜前碰到断开的电缆室固定触头。

测量线路馈线电压的电压变送器装置安装在柜体的固定部分，便于手车抽出时能继续保持测量。

断路器手车拉出状态如图 2-38 所示。

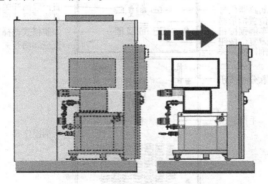

图 2-38 断路器手车拉出示意图

2. 母线室

母线室位于柜体后部，母线室包含有与手车上部动触头相接触的静触头和母排。

母线室与断路器室之间用绝缘隔板隔开，为了方便维护人员进入母线室维护，绝缘隔板都配有手柄。

3. 低压室

低压室的控制设备通过一个单独的隔离门安装在柜体上部的低压室内；测量电路后面的绝缘板保护操作人员避免接触到线路电压；低压室不包含任何潜在的主电路（无馈线电压/无负回流电压）；主回路电压总是通过适当的额定电压变换器与二次回路隔离；低压室通过钢板与断路器室隔开；就地控制装置安装在低压室门板上。

4. 电缆室

电缆室位于柜体后部，它包含了主回路的电缆连接排，与可抽出的手车下部触头相接触的固定触头和馈线电缆接地固定点；电缆室通过绝缘板与断路器室隔开；为了方便维护人员进入电缆室维护，绝缘隔板都装配有手柄。

直流开关柜的正面布置情况如图2-39所示。通过断路器室门上的观察窗可清楚地看到断路器手车的位置。直流断路器、直流隔离开关代号如"201、202、211、2111、212、2121"等，是该断路器、隔离开关在电气主接线中的代码；直流断路器、隔离开关位置指示器"ON"（红）或"OFF"（绿）表明了其工作位置为合闸或者分闸；电气及机械互锁用来防止当断路器合闸时断路器手车被移出"工作"位置；直流断路器、隔离开关的分合闸控制开关可以实现就地电动控制；控制模式选择开关提供"远方、当地"两种控制模式；在"手柄解锁"允许的情况下，通过"手柄操作孔"可以实现对直流断路器的手动控制；安装在断路器手车上的脉冲计数器装置（不可复位）能记录断路器的合闸次数。

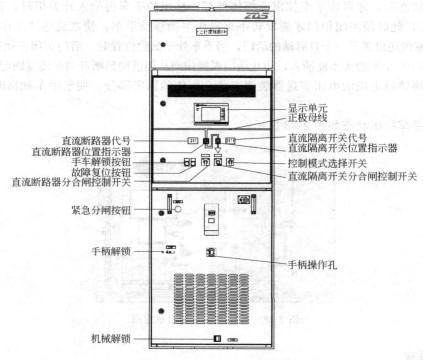

图 2-39　直流开关柜正面视图

直流开关柜的安装如图2-40所示。作为杂散电流防护的一种重要措施，直流开关柜必须绝缘安装，推荐最小绝缘阻值为1兆欧（1000V）。具体措施包括：在将直流开关柜固定

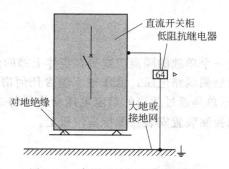

图 2-40　直流开关柜安装示意图

在地面期间，务必避免框架和属于电气接地部分的任何接触；在直流开关柜与变电所地坪之间，通过厚度为 2~5mm 的绝缘垫来确保绝缘；为利于断路器手车自由进出柜体，绝缘垫一般伸出直流开关柜周围 2cm；同时若直流开关柜中设有避雷器，则避雷器应与大地或负极直接相连。此外，为保证框架泄漏的保护功能的实现，直流开关柜柜体还要通过一个低阻抗继电器接地。

各个直流开关柜的操作均须遵循已确定好的联锁关系进行。任何情况下隔离开关不能带负荷操作，由于负极柜中仅有隔离开关，因此通常情况下合闸先后顺序依次为负极柜、正极柜、交流断路器，最后是馈线柜，分闸顺序相反。

二、直流断路器

断路器手车上安装的直流断路器，其外观结构如图 2-41、图 2-42 所示，原理如图 2-43 所示。它是一种双向、单极单元。它采用了电磁吹弧、电动操作系统、直接瞬时过流脱扣、间接快速脱扣（用户可选项）和空气自然冷却方式等技术。间接脱扣器由一个线圈和一个电子控制装置组成，线圈固定在断路器上，电子控制装置（由放电电容和电子开关组成）单独安装。1000~6000A 的断路器，其响应时间仅为几毫秒。

图 2-41　HPB45 系列断路器和 HPB60 系列断路器

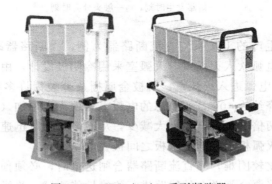

图 2-42　UR26/36/40 系列断路器

与交流电弧不同，直流电弧只能靠强制电流为零来熄灭，电弧能量不变的前提下，促使电弧电流接近于零，意味着必须提高电弧电压，使之高于断路器的工作电压。可以通过合理的措施迅速提高电弧电压，如在中、低压直流回路中使用电磁吹弧断路器，从而达到灭弧的目的。对高压直流回路，必须相应地降低电压和电流，对要求分闸更快的断路器，通过加接 LC 谐振电路产生人工电流零点来灭弧，这需要非常精确和可靠的电子技术。如图 2-44 所示。

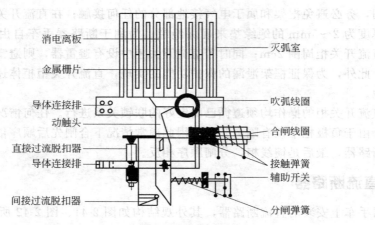

图 2-43　直流断路器 UR36 原理图

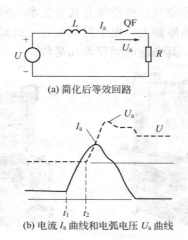

(a) 简化后等效回路

(b) 电流 I_a 曲线和电弧电压 U_a 曲线

图 2-44　直流灭弧原理

t_1—短路发生时刻；t_2—触头分离时刻

以瑞士赛雪龙公司生产的 UR 系列直流断路器为例，当断路器跳闸后，主回路磁场将动、静触头之间产生的电弧吹入灭弧室，灭弧室采用冷阴极设计，由许多相互绝缘的灭弧板（金属栅片）组成，一旦电弧进入灭弧室，就被金属栅片分裂为许多串联的小弧段。因为每两块灭弧板之间的电压降约为 40V，所以总的电弧电压便大大增加（取决于灭弧板的数量），一般不超过额定电压的两倍。电弧电流大大减少，从而电弧得以迅速熄灭。燃烧的气体从上端逸出，并在位于金属灭弧板上部的绝缘板之间被去电离。

鉴于直流电弧熄灭比较困难，当直流断路器合闸送电时，必须预先进行线路测试，即首先通过线路测试装置对将要合闸送电的线路进行绝缘性能测试，绝缘合格，则给断路器送出合闸命令；绝缘测试不合格，则闭锁断路器禁止合闸。当运行的线路跳闸后，禁止盲目重合闸，只有通过线路测试，确认短路清除，断路器才能自动重合闸。详见本书第四章。

复习思考 ▶▶▶

2-1. 简述主变电所的功能及其主要电气设备。

2-2. 绘制主变电所的电气主接线图，分析其结构、运行方式。
2-3. 画图并用文字叙述城轨供电系统中压环网的结构及其正常运行方式。
2-4. 绘图并用文字说明降压变电所的主接线结构及其正常运行方式、设备状况。
2-5. 绘图并用文字说明牵引降压混合变电所的主接线结构及其正常运行方式、设备状况。
2-6. 简述整流变压器的结构及其运营维护要点。
2-7. 简述整流器的结构及其巡视维护要点。
2-8. 简述直流开关柜的结构与设备。
2-9. 直流开关柜断路器手车的位置有哪些？如何实现位置的变换及其联锁？
2-10. 鉴于直流电弧难以熄灭，直流断路器采取了哪些措施？

 阅读材料 ▶▶▶

一、变电所的功能是什么？有哪些主要设备？

变电所的作用是变换电压、调整电压、集中电能、分配电能和控制电能。在整个电力系统中，按变电所的地位和作用，一般把变电所分为枢纽变电所、区域变电所、用户变电所等3种。枢纽变电所通常有两个及两个以上的电源汇集，进行电能的分配和交换，形成电能的枢纽。这类变电所规模较大，采用三绕组变压器以获得不同级别的电压，送到不同距离的地区。区域变电所的作用是供给一个地区用电，通常也采用三绕组变压器，高压受电，中压转供，低压直配。用户变电所属于电力系统的终端变电所，直接给用户供电，通常采用双绕组变压器。城市轨道交通供电系统中的变电所就属于用户变电所。

变电所的核心设备是变压器，用于对电能实现变换和传输，有升压变压器和降压变压器两种。此外还包括用于对控制、分配电能的开关电器（断路器、隔离开关、负荷开关等）、测量电路运行参数的测量电器（电压互感器、电流互感器等）、限制电压或者电流大小以实现设备保护的限制电器（避雷器、避雷针、电抗器、消弧线圈等）、汇聚、分配电能的载流电器（母线、电缆等）。这些高压设备通称为一次设备，其按照先后顺序连接起来形成电路，称为一次电路或电气主接线。

变电所中用于对一次设备进行监视、测量、控制、调节和保护的电气设备如测量仪表、控制器件、继电保护、自动装置等统称为二次设备，其按照先后顺序连接起来形成的电路称为二次回路或二次系统。

二、什么是电气主接线？常见的电气主接线型式有哪些？

变电所的电气主接线是指由断路器、隔离开关、互感器、避雷器、主变压器、母线和电缆等高压一次设备，按一定的顺序连接起来用于表示接受和分配电能的电路。

电气主接线反映变电所的基本结构和性能，在运行中表明电能的输送和分配关系、一次设备的运行方式，成为实际运行操作的依据。

主接线图一般用单线图表示。单线图是表示三相相同的交流电气装置中一相连接顺序的图，当三相不完全相同时，则用多线图表示。

城市轨道交通供电系统中的电气主接线主要有线路变压器组接线、内桥接线、单母线接线、单母线断路器分段接线四种。

线路变压器组接线、内桥接线都属于无母线的电气主接线，在本章第一节中已经有叙述。

当变电所中进线回路数或者馈线回路数较多时，需要采用有母线的电气主接线。要设置汇流母线后，将各电源回路电能汇集起来，再分配到各个用电回路，以提高供电的可靠性和经济性。

如果电源回路和用电回路都通过断路器、隔离开关接在同一套母线上，则构成简单单母线接线。如图 2-45 所示。这种接线的优点是接线简单，投资少；操作方便，容易扩建。缺点如下：(1) 检修母线或母线隔离开关，全厂（所）停电；(2) 母线或母线隔离开关故障，全厂（所）停电；(3) 检修进出线断路器，该回路停电。因此，这种接线只适用于小容量和用户对供电可靠性要求不高的发电厂或变电所中。为了克服以上缺点，可采用母线分段和加旁路母线的措施。

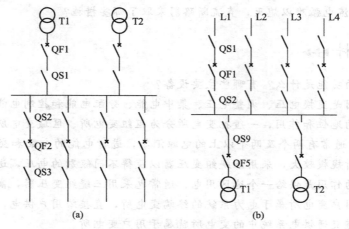

图 2-45　简单单母线接线

如图 2-46 所示，当分段断路器 QFD1 接通运行时，任一段母线发生故障时，在继电保护的作用下，分段断路器和接在故障段上的电源回路断路器便自动断开。这使非故障段母线可以继续运行，缩小了母线故障的停电范围。

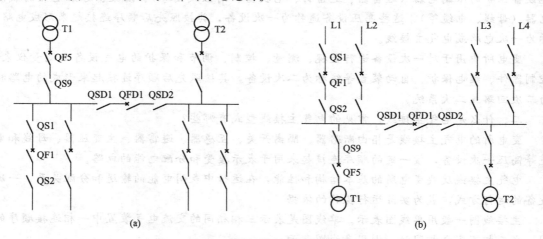

图 2-46　单母线断路器分段接线

当分段断路器断开运行时，分段断路器除装有继电保护装置外，还应装有备用电源自动投入装置，分段断路器断开运行，有利于限制短路电流。

断路器分段时的优点：

① 在正常情况下检修母线时，可不中断另一段母线的运行；
② 任一段母线发生故障时，在继电保护装置的作用下，母线分段断路器断开，从而保证了非故障段母线的不间断供电；
③ 可满足采用双回线路供电的重要用户供电可靠性要求。

断路器分段时的缺点：
① 一段母线或母线隔离开关故障或检修时，该段母线上的所有回路都要在检修期间内停电；
② 当采用接于不同段母线的双回线路供电时，常使架空线路出现交叉跨越；
③ 扩建时需要向两个方向均衡扩建。

单母线分段的数目取决于电源的数目、电网的接线及主接线的运行方式，一般以2~3段为宜。其连接的回路数一般比不分段的单母线接线增加一倍，但仍不宜过多。

主要应用于中、小容量发电厂的电气主接线；各类发电厂的厂用电接线以及进出线数量比较多的6~220kV变电所中。

三、什么是GIS组合电器？它的基本结构是什么？

GIS（Gas Insulated Switchgear，气体绝缘金属封闭开关设备）是由断路器、隔离开关、接地开关、互感器、避雷器、母线、连接件等单元，封闭在接地的金属体内组成。其内部充有一定压力并有优异灭弧和绝缘能力的SF_6气体。由于GIS既封闭又组合，故占地面积小，占用空间少，基本不受外界环境影响，不产生噪声和无线电干扰，运行安全可靠，且维护工作量少，在城网建设和改造工程中，得到广泛的应用。它的突出优点如下。

（1）最大限度地缩小整套配电装置的占地面积和空间体积，结构十分紧凑。110~220kV GIS占地面积仅为敞开式变电站的1/10，这在人口高度集中的大都市和密集的负荷中心，显得更为重要。

（2）全封闭的电器结构，不受污染、雨雪、尘沙及盐雾等各种恶劣自然环境条件的影响，减少了设备事故的可能性，特别适合工业污染和气候恶劣以及高海拔地区。

（3）安装方便。因GIS已向三相共箱（筒）化、复合化和智能化方向发展，一般由整件或若干单元组成，可大大缩短安装工期。

20世纪50年代，高压电器的绝缘介质就用SF_6气体代替了空气；

60年代中期，美国制造了第一套GIS设备，使高压电器发生了质的飞跃，也给配电装置带来了一次革命。

30年来，GIS设备发展很快，欧洲、美洲、中东的电力公司都规定配电装置要用GIS设备，在亚洲、非洲、澳洲的发达国家也基本上规定要用GIS设备，在南非有800kV GIS设备投入运行。国际大电网会议在1992年统计，各国已投入运行的GIS变电站近2000所。

我国GIS设备的研制工作起步于60年代，与世界其他国家基本同步；

1971年我国首次试制成功110kV GIS设备，并投入运行。

大亚湾、秦山核电站，广州抽水蓄能电站，四川二滩水电站、浙江北仑港、上海石洞口、广东沙角等火电厂，广东江门、云南草铺等变电站，三峡水电站的升压变电站。

自80年代开始，国产大型GIS设备也投入电网系统运行，共达407个间隔，较大的有广西天生桥水电站的500kV GIS设备、渭南变电站的330kV GIS设备、上海杨树浦电厂的220kV GIS设备等。

图2-47为某一品牌的35kV的交流开关柜（GIS）的结构图及其对应的主接线图，该开关柜广泛应用于主变电所、降压变电所、牵引降压混合变电所的35kV侧。

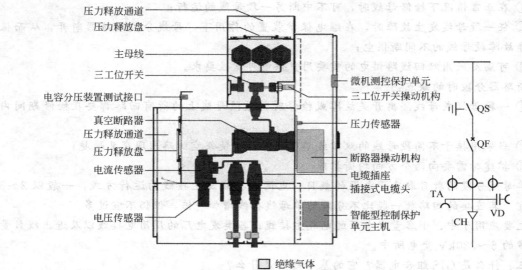

图 2-47 GIS 组合电器（中压交流开关柜）结构图

第三章
接触网

问题导入 ▶▶▶

城市轨道交通电客车是牵引供电系统的负载，其特殊之处是一个移动负载。解决对移动负载供电就需要特殊的输电和受流系统——接触网。目前的城市轨道交通中形成了接触轨—集电靴、受电弓—接触网等不同的解决方案。本章旨在介绍常见的接触网系统的作用、类型。对现阶段我国工程实践中常用的接触轨系统、架空柔性接触网、架空刚性系统的接触悬挂形式、安装结构、主要部件等做出了介绍。

学习要点 ▶▶▶

- 接触网的定义。
- 城市轨道交通接触网的分类及其特点。
- 城市轨道交通接触网系统的导体类型。
- 柔性架空接触网的装配形式。
- 柔性架空接触网的主要组成部分及其作用。
- 刚性架空接触网的装配形式。
- 刚性架空接触网的主要组成部分及其作用。
- 接触轨系统的安装形式和主要组成部分。

第一节　●●●　地铁接触网概述

接触网系统是电气化轨道交通供电系统的重要组成部分，是沿着走行轨道架设的为电力机车（电动车组）提供牵引电能的特殊形式的供电线路。是通过集电装置（集电靴、受电弓等）向电力牵引单元提供电能的机电系统。

接触网有两大结构形式：架空接触网和接触轨。接触轨是通过在走行轨道旁设置横截面与钢轨相似的刚性导电"轨道"给电力机车（电动车组）供电。电力机车（电动车组）通过安装在车辆转向架两侧的集电靴和接触轨的滑动接触取得电能。主要的结构形式有第三轨（第三轨供电、走行轨回流）、第四轨（第三轨供电、第四轨回流）两种。第三轨形式较常见，比如北京地铁大量采用 DC750V 接触轨系统，近几年来修建的武汉地铁（轻轨）（DC750V）、广州地铁 4、5 号线和深圳地铁 3 号线（DC1500V）也采用了第三轨形式。第四轨系统在伦敦地铁和意大利米兰地铁 A 线使用，这种系统比较少见。

架空接触网分为刚性架空接触网和柔性架空接触网两类。刚性架空接触网将接触线夹装在汇流排中，依靠汇流排自身的刚性保持接触线的固定位置，使接触线不因重力而产生弛度。刚性架空接触网一般适用于隧道段，而不应用于地面及高架桥，在城市地铁中应用较多。2002 年 12 月开通的广州地铁 2 号线在国内第一次采用了刚性架空接触网系统，近几年来，南京、上海、西安、深圳、郑州、成都、杭州等城市地铁建设中都有采用刚性架空接触网形式。干线铁路中，刚性架空接触网主要应用在长大隧道。2006 年 4 月 20.50 公里长的兰（州）武（威）二线乌鞘岭隧道在国内干线铁路中第一次采用了刚性接触悬挂。

柔性架空接触网采用柔性线索作为导电体，具有较好的弹性，跨距大，适应高速电力牵引受流，在干线铁路工程中得到了广泛的应用。广州地铁一号线、深圳地铁一期工程、上海轨道交通 1、2 号线和明珠线等。在地面线路柔性架空接触网系统优势明显，如香港机场线、大连快速轨道交通三号线、长春市快速轨道交通环线一期工程和天津滨海轻轨线都采用了柔性架空接触网。

一、接触轨

1879 年 5 月，Siemens 设计并制造的世界第一套具有现代电气化轨道交通雏形的"电气化轨道交通系统"在柏林世界贸易博览会上展出，就采用了两走形轨间敷设第三轨的接触网供电形式。1969 年 10 月 1 日，中国第一条地铁线路北京地铁一号线建成通车，就采用了接触轨系统。

1. 接触轨系统中的导体——导电轨

导电轨就是接触轨系统中的特殊"输电线"，导电轨安装在走形轨的一侧。电动客车通过设置在列车侧面的集电靴从导电轨得到电能。导电轨的按照材质主要分为低碳钢接触轨和钢铝复合接触轨两类。低碳钢接触轨在早期地铁多采用，有耐磨、价廉、安装简单等优点，但也存在自重大、电阻率高、电能损耗大等缺点。钢铝复合接触轨的主要材料为铝材，因此它与低碳钢接触轨相比，具有重量轻，电阻小的特点，同时为了增加接触轨的耐磨性能，将不锈钢带作为接触面，这使钢铝复合接触轨的寿命可以达到 50 年以上。目前，采用接触轨的新建线路已经逐步采用钢铝复合接触轨代替低碳钢接触轨。其断面结构如图 3-1 所示。其计算截面 4400mm^2，几何截面积 3850mm^2，单位重量 14.5kg/m，最大持续载流量 ≥3000A。

2. 接触轨的授流方式

目前，接触轨通常采用以下三种悬挂方式：上部授流方式：列车受流器处于接触轨的顶部；下部授流方式：列车受流器处于接触轨的底部；侧部授流方式：列车受流器处于接触轨的侧面。如图 3-2 所示。

上部授流方式接触轨的接触面容易附着尘埃、冰雪等杂物，使得接触轨与列车集电靴之间的过渡电阻增大，对列车受流会产生一定影响；该方式只能从接触轨顶部和线路外侧对接触轨进行防护，虽然具有便于日常检查和维护的优点，但也存在防护不够严密、安全性差的缺点。

第三章 接触网

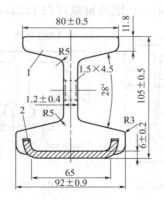

图 3-1 某型钢铝复合轨横截面

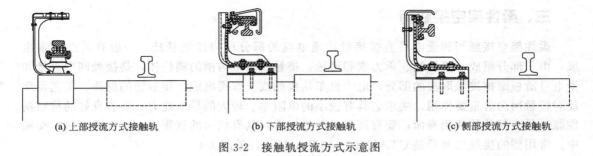

(a) 上部授流方式接触轨　　　(b) 下部授流方式接触轨　　　(c) 侧部授流方式接触轨

图 3-2 接触轨授流方式示意图

侧部授流方式接触轨的接触面不容易附着尘埃、冰雪等杂物，授流质量较好；但同上部授流方式一样，该方式只能从接触轨顶部和线路外侧对接触轨进行防护，也存在防护不够严密、安全性差的缺点。

下部授流方式的优点为：接触轨的安装高度及水平方向均可作适度调整，不需要设计多种高度的零部件就可以满足实际需要。系统的防护罩对带电接触轨的防护性能更好，带电接触轨不容易被无意识地碰触到，利于人身安全防护。遮挡雨雪、避免尘屑的条件也优于上部接触方式，能较好确保牵引网系统的安全可靠运行。缺点是：相对于上部授流接触方式而言，结构较复杂，设备费、维护和更新费用较高。

鉴于接触轨系统安装位置低，且带有高电压，人身安全问题尤为重要，因此，目前新建的接触轨系统一般均采用下部授流方式。

二、刚性架空接触网

在 1962 年开通的日本东京营团地铁日比谷线第一次使用刚性架空接触网。刚性架空接触网是将传统的接触线夹装在汇流排中，用汇流排取代了承力索，并靠它自身的刚性保持接触线的固定位置，使接触线不因重力而产生较大弛度。刚性架空接触网节省隧道净空，可靠性高，耐磨性好，接触网零件简单，维修成本大大降低。刚性架空接触网从 20 世纪 90 年代起得到较快发展。广州地铁将刚性架空接触网形式引入我国，近几年来，我国的城市轨道交通蓬勃发展，刚性架空接触网应用较为普遍。

刚性架空接触网导体主要由汇流排和夹持的接触线组成，汇流排的形状有 T 形和 Π 形两种，如图 3-3 所示。T 形汇流排 1962 年在日本投入运营，Π 形刚性接触网 1983 年在法国投入运营。我国刚性架空接触网目前均采用的了 Π 形。常用的 PAC110 型汇流排，标称截面积 2213mm²，计算重量 5.91kg/m，铜当量截面积 1233mm²。

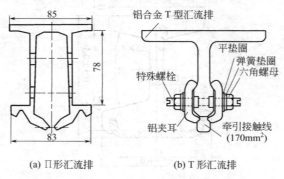

(a) Π形汇流排　　(b) T形汇流排

图 3-3　Π形和 T 形汇流排

三、柔性架空接触网

柔性架空接触网和受电弓直接接触传递电流的部分称为接触悬挂，一般有柔性线索组成，由三部分组成：接触线、承力索和吊弦。接触线为带沟槽的圆柱体，是接触网中直接和受电弓滑板摩擦接触取流的部分，电力机车从接触线上取得电能。接触线的材质、工艺及性能对接触网起着重要作用，要求它具有较小的电阻率、较大的导电能力；要有良好的抗磨损性能，具有较长的使用寿命；要有高强度的机械性，具有较强的抗张能力。在城市轨道交通中，常用到的接触线型号是 CTAH120 和 CTAH150，见图 3-4。

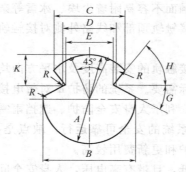

图 3-4　CTAH120（CTAH150）横断面

A—截面直径（高度）；B—截面宽度；C—头部宽度；D—（沟）槽底间距；
E—（沟）槽尖间距；K—头部高度；R—圆角半径；H—上料角；G—下料角

承力索的作用是通过吊弦将接触线悬挂起来。要求承力索能够承受较大的张力和具有抗腐蚀能力，并且在温度变化时弛度变化较小。承力索根据材质一般可分为铜和铜合金承力索，比如 JT150 铜绞线。承力索和接触线并联作为承载牵引电流，称为载流承力索。吊弦一般为 10~16mm² 硬铜绞线。

在城市轨道交通中，柔性架空接触网正线一般采用全补偿简单链形悬挂，如图 3-5 所示，城市轨道交通牵引供电系统电压低，电流大，需要较大截面积的载流导体。多采用单承力索、双接触线式（简称单承双导）或双承力索、双接触线式（简称双承双导）全补偿链形接触悬挂，外加 3~4 根辅助馈电线组成。例如某地铁工程中接触悬挂如下。

① 线索：JT150×1＋CTAH120×2；张力：14kN＋11kN×2；辅助馈线：JT150×3。

② 线索：JT150×2＋CTAH120×2；张力：12kN×2＋12kN×2；辅助馈线：JT150×2。

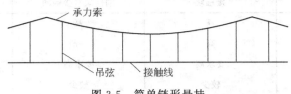

图 3-5　简单链形悬挂

这些接触悬挂类型主要应用于隧道正线、地面线正线、出入段线、试车线等。

在停车场、车辆段内，线网密集，列车运行速度低，多采用弹性简单悬挂，以简化接触网结构和降低造价。接触悬挂由弹性吊索和接触线组成。弹性吊索为硬铜绞线 JTM20。如图 3-6 所示。

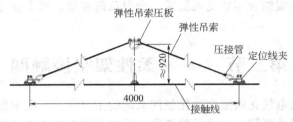

图 3-6　弹性简单悬挂结构

上海城市轨道一号线和香港地铁采用了带弹性支座式的简单接触悬挂。

四、三种接触网形式的比较

无论架空接触网还是接触轨，都因其不同的特点而应用于具有不同需求的城市轨道交通线路，都是可行的牵引接触网形式，在各自的应用领域中仍不断发展进步，不存在孰优孰劣的问题。

接触轨系统的主要优点有：寿命长，可以长期使用，无论是钢铝复合轨还是低碳钢接触轨，磨耗寿命都在 50 年以上；维修量很小，施工作业面低，不用高空作业，受外界气象条件影响小；对地面和城市景观没有影响；可靠性高，故障率低。其缺点主要有：车辆在运行过程中不能脱离电源；在事故疏散状态下，安全性不如架空接触网，在人员活动较多的场站有着一定的安全隐患。

架空柔性接触网和刚性接触网相比，其结构复杂，维护工作量大；存在轴向张力，断线故障事故波及范围大，恢复时间长；对隧道净空要求也较高。在地面线中，柔性架空接触网的支柱和各类线索可能对城市景观造成一定影响。刚性架空接触网一般只应用于隧道，不仅可减少隧道净空，而且其汇流排载流面积大，无张力架设，不会发生断线事故，即使发生故障，故障范围也很小，减少了维修工作量。各种接触网形式的特点比较见表 3-1。

表 3-1　各种接触网形式的特点比较

比较项目	接触轨	刚性架空接触网	柔性架空接触网
结构	简单	简单	较复杂
受流质量	较好	较好	好
正线允许行车速度	≤130km/h	≤140km/h	简单悬挂≤140km/h 链形悬挂≤350km/h

续表

比较项目	接触轨	刚性架空接触网	柔性架空接触网
可靠性	高	高	较高（存在断线隐患）
耐磨性	高	一般	一般
安装精度要求	要求高	要求高	一般
维护保养工作量	较少	较少	较大
人身安全性	采取措施后有保障	较高	较高
对地面景观的影响	无影响	无影响	有影响
受恶劣气候条件的影响	小	小	较大
对隧道净空的要求	无特别要求	相对柔性接触网稍小	相对较大

牵引网制式的选择应结合车辆受电要求、牵引负荷容量、列车运行最高速度及城市特点等因素综合分析确定。

第二节　柔性架空接触网

柔性架空接触网是电气化轨道交通接触网系统的主要形式，在中国电气化铁路应用了超过三万公里，技术上成熟可靠，运营经验丰富。适用于城市轨道交通的地下线、地面线和高架线。

一、架空柔性接触网装配形式

架空柔性接触网在城市轨道交通中应用非常广泛，在中国有全线柔性架空接触网、地下线刚性架空接触网地上线采用架空柔性接触网、运营正线第三轨场站采用架空柔性接触网等多种工程应用实例。

柔性架空接触网装配形式多种多样，根据安装地点的不同可分为隧道内、高架线路、地上线路以及车辆段等几种形式。

1. 隧道内的柔性架空接触网

目前国内城市轨道交通柔性架空接触网在隧道内的安装主要有以下几种方式。弓形腕臂形式悬挂采用简单链形悬挂方式，由1根或2根承力索、2根接触线及辅助馈线组成。承力索、接触线均有张力补偿装置。跨距在隧道内为20m左右。其隧道支撑很方便地通过角形支架装配形式或专用吊柱形式用锚栓固定在隧道上，在不同的隧道断面均达到规定要求的相应净空尺寸，其结构高度一般在220～310mm之间。

隧道内的柔性架空接触网的装配形式如图3-7所示。图(a)为矩形隧道柔性架空接触网装配结构示意图，一般用于矩形隧道或者带有结构风管的车站。图(b)为圆形、马蹄形隧道柔性架空接触网装配结构，采取链形悬挂，结构稳定，弹性较好，速度可以达到120km/h。图(c)为"弹性支架"悬挂在隧道内的安装示意图，"弹性支架"悬挂形式属简单悬挂方式，悬挂形式一般采用2根接触线及辅助馈线组成，没有承力索。2根接触线有张力补偿装置。"弹性支架"承载能力较低，支架之间距离限制在12m以内。"弹性支架"的弹性是通过轴环中设置的橡皮扭转部件获得的。由于没有承力索，其对隧道净空要求可以进一步降低，允许的行车速度较低。

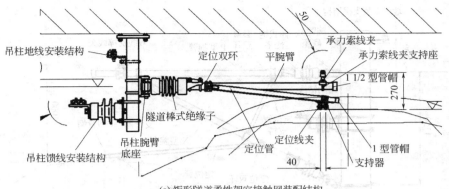

(a) 矩形隧道柔性架空接触网装配结构

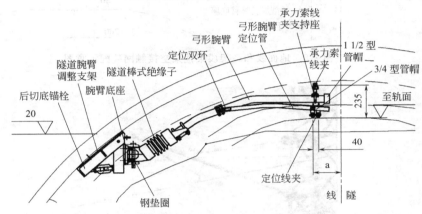

(b) 圆形、马蹄形隧道柔性架空接触网装配结构

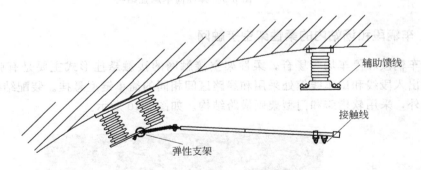

(c) "弹性支架"悬挂在隧道内的安装示意图

图 3-7 柔性架空接触网隧道安装示意图

2. 地面线和高架段柔性架空接触网

地面线和高架段和隧道相比，没有净空条件限制，一般采用腕臂支柱形式，双线高架段也有采用门型架加吊柱的腕臂形式，其典型的装配结构如图 3-8 所示。在高架段，考虑城市景观会采用有造型的支柱。

图 3-9 所示的为双承双导（即接触悬挂由两根承力索和两根接触线构成）的装配示意图，因为地铁牵引电流大，还设置了辅助馈线。

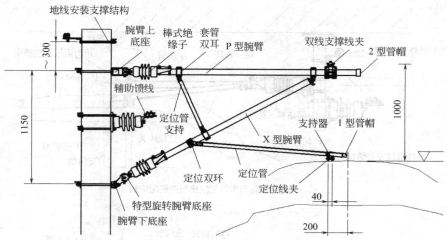

图 3-8 地面线和高架段柔性架空接触网装配示意图

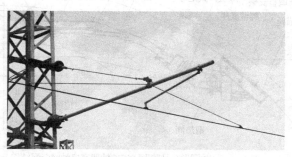

图 3-9 弹性简单悬挂结构

3. 车辆段和场站内的柔性架空接触网

在车辆段和停车场等场合，柔性架空接触网的接触悬挂形式主要是有弹性简单悬挂构成，在出入段线和试车线等处采用和线路区间相同的简单链型悬挂。装配结构上，除了腕臂支柱以外，采用软横跨和门型架硬横跨结构。如图 3-10 所示。

图 3-10 地铁车辆段门型架硬横跨结构

二、柔性架空接触网的主要结构

如图 3-11 所示,柔性架空接触网将接触线布置"之"字形,以减少对受电弓滑板的磨损在每一个跨距内,接触线和受电弓的接触点从滑板的一端移动到另外一端,受电弓滑板得到较均匀的磨耗。接触网按照一定长度分成机械或电气上独立的分段,称为锚段。为了使受电弓能够平滑的从一个锚段过渡到另外一个锚段,在锚段衔接处设置了锚段关节。为了克服接触悬挂线索热胀冷缩带来的线索张力、弛度变化,在锚段的端部设置补偿装置。锚段的中部对接触悬挂进行固定,称为中心锚结,可以防止接触悬挂向一侧窜动,限制事故范围。

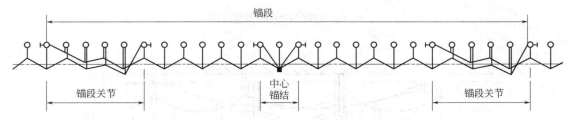

图 3-11 柔性架空接触网布置

1. 锚段关节

两个相邻锚段的衔接区段(重叠部分)称为锚段关节,锚段关节按用途可分为非绝缘锚段关节和绝缘锚段关节两种。按锚段关节的所含跨距数可分为二跨、三跨、四跨、五跨锚段关节等几种不同形式。地铁架空柔性接触网中一般常见的为三跨锚段关节。如图 3-12 所示,图(a) 为地面线双承双导非绝缘锚段关节,接触悬挂线索较多,两根承力索在 ZF1(ZF4)支柱下锚,两根接触线在最外侧两支柱下锚。图(b) 为隧道内单承双导绝缘锚段关节,接触悬挂的三根线索通过三角调节板和挂板连接后,在一套下锚装置上下锚。

相互连接的两个锚段分别在锚段关节最外侧二支柱处下锚,受电弓在中间两支柱间实现从一个锚段向另一锚段的转换,故锚段关节中间的二支柱称为转换柱,转换柱是锚段关节处通过腕臂等支持结构承受工作支和非工作支两支接触悬挂的支柱。为了保证两锚段在电气上的可靠连通,在两锚段间使用电连接线连接。在绝缘锚段关节图(b)中,其接触线、承力索在水平方向保持 220mm 距离,在垂直方向转换柱处抬高 130mm,保持两转换柱间接触悬挂电气绝缘。

在锚段关节内,同时存在两个锚段的两组接触悬挂。其中接触线与受电弓接触实现受流的称为工作支;另一组接触悬挂的接触线通过抬高脱离受电弓接触后下锚,称为非工作支(简称"非支")。

2. 下锚补偿装置

接触网补偿装置,又称张力自动补偿器,它安装在锚段的两端,并且串接在接触线承力索内,它的作用是补偿线索热胀冷缩的张力变化,使张力保持恒定。常见的下锚补偿装置主要有换轮式、棘轮式和弹簧式等,在地铁中,最为常见的为棘轮补偿装置,其结构示意图如图 3-13 所示。

棘轮装置下锚线索通过补偿绳缠绕在小轮上,坠砣补偿绳缠绕在大轮上,通过大小轮半径比实现传动比为 1∶3,棘轮补偿装置传动效率高,具有断线制动功能。正常工作状态下,

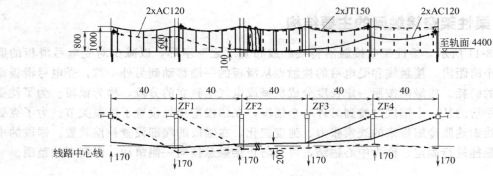

(a) 地面线双承双导非绝缘锚段关节

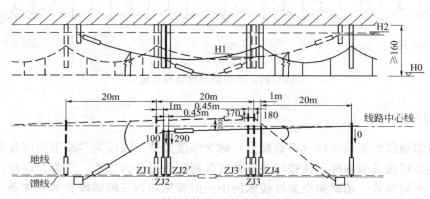

(b) 隧道内单承双导绝缘锚段关节

图 3-12 柔性架空接触网锚段关节结构示意图

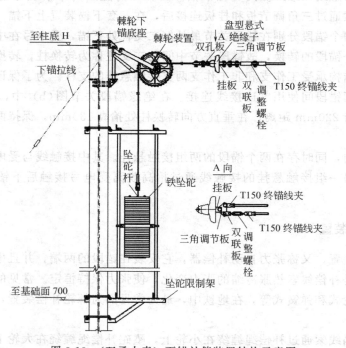

图 3-13 （双承力索）下锚补偿装置结构示意图

棘齿与制动卡块之间有一定间隙，棘轮可以自由转动；当线索断裂后，棘轮和坠砣在重力作用下下落，棘齿卡在制动卡块上从而可以有效地缩小事故范围、防止坠砣下落侵入限界。图示的为双承力索通过调节板补偿下锚的装配结构，接触线下锚时，终锚线夹等零件有所区别。架空柔性接触网在隧道内下锚时，受到隧道净空限制，在转换柱和棘轮间设置双（单）支导轮，以满足限界要求。

3. 中心锚结

设在接触悬挂锚段中部通过将承力索、接触性进行固定，防止两端补偿器向一侧滑动或缩小事故范围的装置，称为中心锚结，简称中锚。线索在中心锚结处的固定点在任何情况下不会出现偏移，因此当温度变化时，锚段内线索的热胀冷缩便发生在中心锚结与两端的补偿器间，有效缩短了线索的伸缩范围。图 3-14 所示的为简单链型悬挂中心锚结结构图。这种在两个跨距内实现的中线锚结也成为两跨式中锚。承力索通过承力索中心锚结绳在相邻支柱上下锚，使该处承力索不产生位移，跨中通过接触线中心锚结绳将接触线固定在承力索上。中心锚结具有以下作用：缩短了补偿器补偿范围，使锚段线索张力比较均匀，保证接触悬挂处于良好工作状态；设立中心锚结后可以缩小事故范围，即当中心锚结一侧发生断线事故时不致影响另一侧悬挂线路，有利于抢修事故和缩短事故抢修时间。可防止线索在外力作用下向一侧窜动，如风力、受电弓摩擦力、因坡道和自身重力引起的窜动力。

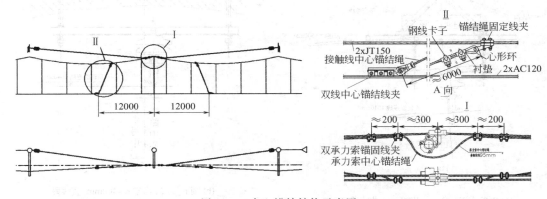

图 3-14 中心锚结结构示意图

第三节 刚性架空接触网

刚性架空接触网也称为刚性悬挂，是将传统的接触线夹装在汇流排中，用汇流排取代了承力索，并靠它自身的刚性保持接触线的固定位置，使接触线不因重力而产生较大弛度。主要适用于城市轨道交通的地下线。

一、刚性架空接触网装配形式

刚性架空接触网适用于地下区段，其装配形式需要适应各种地下隧道结构。在较低净空（小于 4800mm）矩形隧道的典型的装配形式如图 3-15 所示。

在地铁中，隧道形式和净空条件各种各样，隧道常见形式有圆形隧道、马蹄形隧道、矩形隧道，车站风管形式等都会影响到架空刚性接触网的装配，针对不同的断面形式，刚性架空接触网采用不同的安装方式，见图 3-16。隧道净空从小到大，采用了绝缘横撑［见图(c)］、

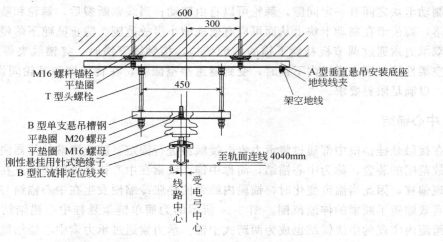

图 3-15 矩形隧道直线段装配图

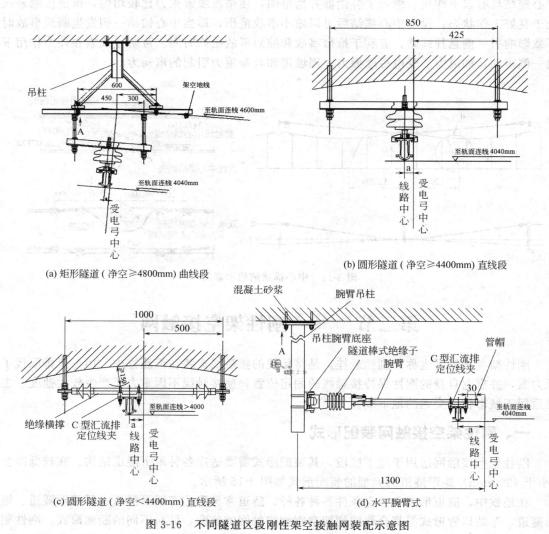

(a) 矩形隧道(净空≥4800mm)曲线段

(b) 圆形隧道(净空≥4400mm)直线段

(c) 圆形隧道(净空<4400mm)直线段

(d) 水平腕臂式

图 3-16 不同隧道区段刚性架空接触网装配示意图

悬吊槽钢（b图）、悬吊槽钢加悬吊安装底座（图3-16）、吊柱（a图）等装配形式。当轨道上空有风管等设施影响悬吊时，采用水平腕臂形式（d图），水平腕臂装配也可以采用对应的底座设计直接固定在隧道侧墙上。

二、架空刚性接触网的平面布置和主要结构

架空刚性接触网的汇流排在水平方向上有一定的刚度，不能像柔性悬挂一样成之字型布置。在隧道中是将刚性梁布置为沿线路中心线连续、均匀分布的正弦波形式，从而使受电弓滑板与刚性梁的磨耗更均匀、受流更平稳，如图3-17所示。刚性架空接触网悬挂点的正线最大跨距：曲线为6～8m，直线为8～10m。锚段长度一般为200～250m，最大不超过300m，主要受到支持结构偏斜和膨胀接头的补偿量限制。刚性悬挂在500m范围内拉出值为±200mm。相邻两跨距之比不宜大于1.25:1。但是必须指出的是，正弦波布置的刚性悬挂相对于线路中心线的偏移量不是线性的，在一个完整的正弦波周期内，受电弓滑板和波峰附近接触线接触的时间要大于过零点附近，不可避免的造成受电弓滑板的磨耗不均匀。

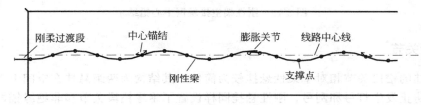

图3-17 架空刚性接触网的平面布置

架空刚性接触网的平面布置上主要的结构有刚柔过渡、中心锚结、伸缩部件、锚段关节、线岔等。

1. 刚柔过渡

刚性悬挂主要应用于隧道内，在隧道外为柔性悬挂，必须设置一定的结构实现刚性悬挂到柔性悬挂的过渡，简称刚柔过渡，典型的刚柔过渡方式有关节式刚柔过渡和贯通式刚柔过渡，如图3-18所示。在应用中，多采用带切槽式渐变汇流排的贯通式刚柔过渡形式，该方式主要采用了长12.0m的切槽式渐变汇流排，汇流排的具体型式与接触线的额定张力有关，该单元主要的特点是连续性好，区间柔性悬挂的承力索直接锚固在隧道洞口，接触线亦直接锚固于过渡单元内，从而大大缓解了较高行车速度时此处的硬点冲击。

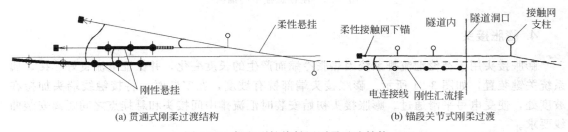

(a) 贯通式刚柔过渡结构　　　　　　(b) 锚段关节式刚柔过渡

图3-18 架空刚性接触网刚柔过渡结构

2. 中心锚结

架空刚性接触网中心锚结的作用是在锚段中部对汇流排进行固定，防止汇流排向一侧窜

动。在汇流排随环境温度变化热胀冷缩时，中心锚结将一个锚段的汇流排分成左右两个独立的膨胀段。中心锚结的结构如图3-19所示，隧道净空不同装配结构会有不同。中心锚结应该处于汇流排中心线的正上方，中心锚结处接触线工作面应无负弛度，调整螺杆左右受力均衡，紧固只要能使调整螺杆拉紧即可，与汇流排夹角不大于45°。因为刚性悬挂本身线索没有轴向力，所以其中心锚结主要的作用是防窜动，强度要求比柔性悬挂中心锚结小得多。

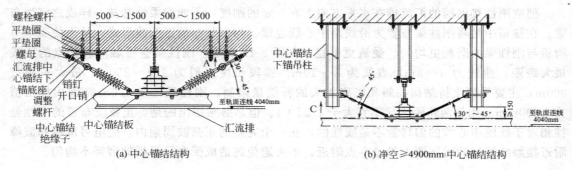

图3-19　刚性架空接触网中心锚结

3. 锚段关节

刚性悬挂的锚段关节相对于柔性悬挂较为简单，其结构为两组悬挂在空间上重叠，采用终端汇流排防止发生打弓和刮弓。刚性悬挂同样设置了绝缘锚段关节和非绝缘锚段关节，两支汇流排水平间距分别为260mm和200mm，结构如图3-20所示。锚段关节不仅是刚性悬挂的机械、电气分段，也是汇流排温度变化热胀冷缩造成的汇流排和接触线纵向移动的伸缩部件。另外一种伸缩部件是汇流排膨胀接头。

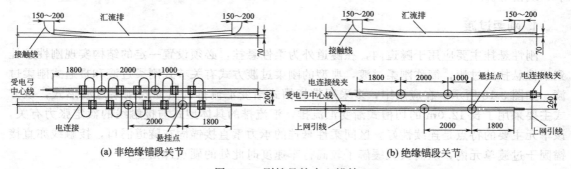

图3-20　刚性悬挂中心锚结

4. 膨胀接头

膨胀接头用于补偿汇流排系统因热胀冷缩而产生的长度变化，并保证电流良好续接，属系统关键装置，如图3-21所示。膨胀接头端部铣有坡度，在安装时，将接触线端头加持在坡度处，使受电弓平滑通过。膨胀接头初始安装时汇流排中间接头和悬挂点之间距离安装曲线要求。

5. 线岔

刚性悬挂在正线和站线道岔处采用类似"非绝缘锚段关节"的结构实现线岔功能。以单开道岔为例，需由道岔"开口"方向确定汇流排走向，原则是在道岔区上空，正线刚性悬挂

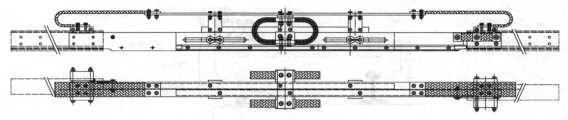

图 3-21 汇流排膨胀接头

不中断，侧线悬挂的汇流排末端与正线悬挂的汇流排成 200mm 的平行间隙，长度为 2000mm。侧线悬挂汇流排末端的端部向上弯曲，抬高 2～4mm，以免正线列车通过时发生碰撞。如图 3-22 所示。

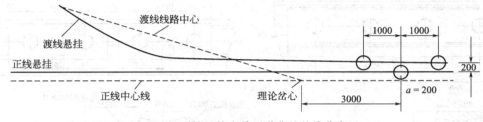

图 3-22 刚性悬挂在单开道岔处的线岔布置

第四节 第 三 轨

第三轨也称为接触轨，第三轨系统是沿线路敷设专为电动车辆授给电能的系统，电动车辆通过集电靴从第三轨得到电能。第三轨系统可以用于地铁的地下线、地面线和高架线。接触轨系统由两部分组成：导电轨、绝缘支架、中间接头、膨胀接头、端部弯头、防爬器等基本部分组成。

一、第三轨安装形式

接触轨的安装位置根据车体、集电靴尺寸和安装位置、绝缘距离等参数确定，正线接触轨一般安装在列车行进方向的左侧。如图 3-23 所示为某地铁下部授流方式第三轨安装示意图。安装位置主要确定接触轨中心线距相邻走行轨内缘的水平距离和接触轨轨顶面距走行轨轨顶面的垂直距离。下磨式第三轨绝缘支架间距一般在 8 个轨枕间距，约 5.2m；在曲线区段根据设计增加支架数，支架间距减小。

二、第三轨主要组成部分

1. 中间接头

钢铝复合接触轨的连接为中间接头（鱼尾板）连接方式。中间接头用于固定、连接相邻接触轨并传导电流，按用途分为普通中间接头及电连接用中间接头。每一段接触轨、端部弯头或膨胀接头都是通过一套中间接头连接。

具体结构如图 3-24 所示。

电连接用中间接头是连接供电电缆向接触轨供电的零件，它由两个铝合金零件组成，一

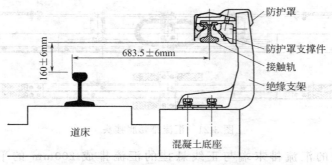

图 3-23 下部授流方式第三轨安装示意图

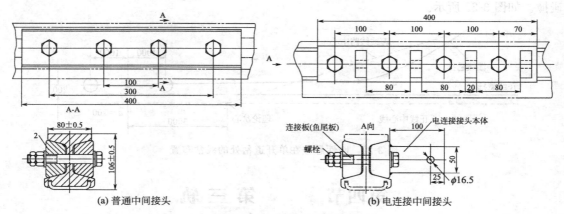

(a) 普通中间接头　　　(b) 电连接中间接头

图 3-24 中间接头结构

个是普通接头本体,另一个在普通接头本体上焊有四个电连接板,可以连接八根电缆。电连接用中间接头能安装在接触轨的任何位置,例如,牵引变电所出口、接头、弯头、电分断或道岔处。

2. 端部弯头

端部弯头是安装在一段接触轨断口处,用于引导受电靴可靠进入或平稳离开一个锚段接触轨,保证受电靴顺利平滑通过接触轨断口处的部件。端部弯头一般可分为高速和低速两种。高速端部弯头长度一般为 5.2m,坡度 1∶50,末端绝缘处接触轨接触面距轨面高度为 285mm±5mm,弯头两端的高度差一般大于或等于 126mm;低速端部弯头长度一般为 3.4m,坡度为 1∶30,末端绝缘支座处接触轨接触面距轨面高度为 265mm±5mm,弯头两端的高度差一般大于或等于 129mm。端部弯头(图 3-25)的末端设置地线挂环以方便接触轨的接地。

3. 膨胀接头

由于外部环境温度或接触轨在运行过程中电流的变化,接触轨轨温会随之发生改变,导致接触轨在热胀冷缩的效应下产生伸缩。因此,需要安装膨胀接头,在机械和电气特性两方面连接两根长轨中间的空隙。在实际工程中,每隔一个锚段长度将安装一个膨胀接头装置,隧道内温度变化小,安装间距约 90m,地面段约为 75m。膨胀接头结构如图 3-26 所示。

为了保证受电靴顺利通过膨胀接头,左右滑轨和中间轨一般要对角切掉 15° 以使表面连续,以便使受电靴可以平滑地从一端过渡到另一端。左右滑轨和中间轨的连接靠锚固夹板

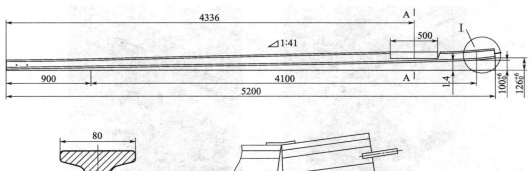

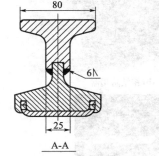
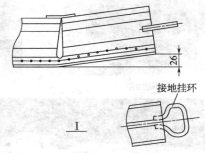

图 3-25 下磨式第三轨的端部弯头结构

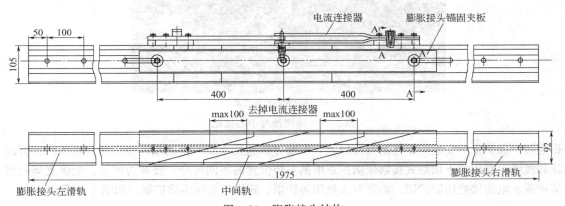

图 3-26 膨胀接头结构

（特殊的长普通接头），膨胀接头两侧的接触轨因热胀冷缩而产生长度变化时，膨胀接头使其左右伸缩自如并得到补偿，又具有良好的导电性能。当接触轨布置于高架桥梁区段时，桥梁梁体同样会在热胀冷缩效应下产生线性伸缩。因此计算膨胀接头间隙时，在考虑接触轨本体随温度变化产生伸缩量的基础上，还需要计及桥梁梁体伸缩的影响，并以此来指导高架区段接触轨的平面布置。

4. 防爬器

第三轨设置防爬器来约束接触轨的纵向移动，一般情况下，防爬器设置在两膨胀接头之间或者膨胀接头和端部弯头之间，每个接触轨锚段均应设置防爬器，防爬器的安装应尽量靠近接触网锚段的中点，在高架桥的上坡起始端、坡顶、下坡终端等处均应设置防爬器。当坡道较大，纵向受力较大时，可以采用 2～3 组防爬器或者锚结防爬器。如图 3-27 所示。

5. 绝缘防护罩

保护罩的设计和安装主要是为了防止人员与接触轨及其带电部分接触，保证集电靴无障

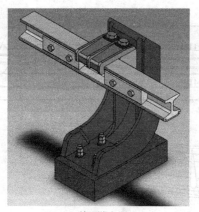
(a) 普通防爬器

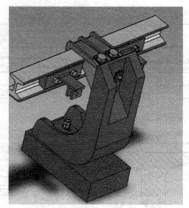
(b) 锚结防爬器

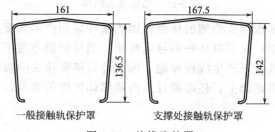
(c) 锚结防爬器安装效果

图 3-27 防爬器与中心锚结

碍通过，保护罩的安装应罩住所有接触轨，安装方位包括正线、车辆段、停车场、联络线、折返线和渡线。常用的下接触式接触轨防护罩根据安装位置的不同可分，普通防护罩、绝缘支架处用防护罩、电连接处用防护罩、端部弯头处用防护罩、膨胀接头处用防护罩。如图 3-28 所示。

图 3-28 绝缘防护罩

防护罩的材质为玻璃纤维加强聚酯（玻璃钢），有这较好的机械强度和绝缘、耐火、无毒等性能。防护罩用防护罩支架固定在接触轨上，安装时通过安装在接触轨本体上的支撑垫块起到支撑防护罩的作用，支撑垫块采用注塑成型工艺制造。

复习思考 ▶▶▶

3-1. 简述城市轨道交通接触网系统的分类。

3-2. 简单比较各种城市轨道交通接触网的优缺点。
3-3. 简述接触轨系统三种授流方式的优缺点。
3-4. 简述柔性架空接触网系统接触悬挂的类型。
3-5. 简述锚段关节、中心锚结和下锚补偿装置的作用。
3-6. 简述刚性架空接触网常见的装配形式。
3-7. 简述接触轨系统的主要构成部分。

 阅读材料 ▶▶▶

干线电气化铁路和城市轨道交通牵引供电接触网系统的简单区别

干线电气化铁路和城市轨道交通牵引供电都采用电气牵引,城市轨道交通接触网系统是"小号"的干线铁路接触网系统呢?这里进行个简单的比较:在供电制式上,干线铁路采用15kV、25kV的单相交流电,电压高,供电距离长,供电臂可达20~30km。城市轨道交通接触网一般采用750V、1500V的直流电,电压低,供电距离短,一般在1km左右;干线铁路接触线高度一般在5300~6500mm之间,城市轨道交通接触接触线高度一般在4040~4400mm左右;干线电气化铁路承力索张力在10~25kN,接触线张力在10~31kN,设计运行速度越高,线索张力越大,线索材质类型较多,城市轨道交通中线索张力一般在12~15kN。但是城市轨道交通接触网系统的工作电流要明显大于干线电气化铁道,其牵引电流可达3000A以上,以柔性架空接触网为例,导体截面积600mm^{2}以上,干线电气化铁路接触网导体截面积一般在200mm^2,工作电流400~1000A。

第四章
继电保护与控制

 问题导入 ▶▶▶

从字面意义来说,"继电保护"可以理解为"为了实现持续可靠供电而在电力系统中采取的一系列的保护技术手段"。随着城市轨道交通高负荷的运营,其供电系统面临着严峻的考验。那么,城市轨道交通供电系统中设置了哪些继电保护装置?它在运营中起到哪些重要作用,如何应用和维护这些保护装置?本章将予以简述。

 学习要点 ▶▶▶

- 城轨交通供电直流系统保护特点和保护配置。
- 整流变压器与整流器的保护设置方案。
- 大电流脱扣保护、DDL 保护、定时限过电流保护、接触网热保护、低电压保护、框架泄漏保护、过电压保护(轨道电位限制装置)等直流供电系统继电保护的保护原理、整定方案、动作结果。

第一节 ●●● 城轨交通供电直流系统继电保护配置

一、城市轨道交通供电直流系统保护概述

目前,城市轨道交通一般采用直流牵引制,因此,城市轨道交通供电直流系统实质上就是牵引供电系统。牵引供电系统保护的最大特点就是系统的"多电源"和保护的"多死区"。所谓"多电源",即当牵引网发生短路时,并非仅双边供电两侧的牵引变电所向短路点供电,而是全线的牵引变电所皆通过牵引网向短路点供电。所谓"多死区",是因牵引供电系统本身构成的特点和保护对象的特殊性而形成保护上的"死区"。任何保护的最基本要求,就是当发生短路故障时,首先要迅速"切断电源"、"消除死区"。针对这两点,牵引供电系统除交流系统常用的保护外,还设置了牵引变电所内部联跳、牵引网双边联跳、电流上升率 di/dt、电流增量 ΔI 等特殊保护措施,这就可以完全满足上述要求。

对任何供电系统的继电保护而言,可靠性总是第一位的,而对直流牵引供电系统,速动

性是可以看成和可靠性同等重要的，所以直流侧保护皆采用毫秒级的电器保护设备，如直流快速断路器、di/dt 及 ΔI 保护等，目的就是在直流短路电流上升过程中将其遮断，不允许短路电流到达稳态值。至于选择性，在直流牵引供电系统中则处于次要位置，其保护的设置应是"宁可误动作，不可不动作"。误动作可以用自动重合闸进行矫正；不动作则很可怕，因为牵引供电系统短路时产生的直流电弧，如不迅速切断电源，就可以长时间维持燃烧而不熄灭。而交流电弧不同，其电压可以过零而自动熄灭。

直流牵引供电系统的保护，主要是由直流断路器与保护装置配合构成。在直流牵引供电系统中，直流断路器按功能分进线断路器（也称总闸开关，如图 2-24 中的 201、202）和馈线断路器（也称分闸开关，如图 2-24 中的 211～214）。进线断路器主要控制和保护直流母线；馈线断路器主要保护牵引网。当变电所近端直流电缆、接触网发生故障时，通过馈线断路器的跳闸能迅速切除故障，若馈线断路器因故不能跳闸，可由进线断路器跳闸，但时间略长。

总之，城轨交通供电直流系统的继电保护应考虑以下几个主要因素。

① 直流系统保护应充分考虑到各种保护之间的相互配合关系，以保证在直流系统发生短路故障时，能可靠地切除故障。

② 直流系统保护应保证在列车正常运行时，不会误跳闸而影响列车运行。包括列车起动时的影响（起动电流、时间以及引起的短时电压下降），列车过接触网分段时的冲击电流的影响。

③ 直流系统保护应充分考虑某些特殊的故障形式下的保护，如接触网与架空接地线的短路，接触网与隧道内电缆支架，接触网与屏蔽门的短路等故障。

二、城市轨道交通供电直流系统继电保护配置

城市轨道交通直流保护系统必须在系统发生故障时快速、准确地切除故障，同时又要避免列车正常运行时一些电气参数的变化引起保护装置误跳闸。后备保护的存在增加了故障切除的可靠性，同时也增加了与主保护配合的难度，所以保护的配置也不宜过多。不同的牵引变电所其电气特性不同，运行要求不同，所以保护装置的整定值不同，甚至保护的配置亦不相同。

从直流主接线形式的构成角度考虑，直流系统的保护可分为直流进线保护、直流馈线保护、框架泄漏保护以及钢轨电位限制装置保护等。下面简要介绍一下直流进线保护和直流馈线保护。

1. 直流进线保护

直流进线保护包括：
① 大电流脱扣保护；
② 逆流保护；
③ 被牵引整流机组中压侧开关联跳；
④ 被框架保护联跳。

2. 直流馈线（包括备用馈线）保护

直流馈线保护包括：
① 大电流脱扣保护；

② 电流变化率 di/dt 及增量 ΔI 保护；

③ 接触网热过负荷保护；

④ 线路测试及自动重合闸；

⑤ 定时限过流保护；

⑥ 低电压保护；

⑦ 车站 IBP 盘紧急分闸；

⑧ 被框架保护联跳；

⑨ 被进线开关联跳，当一路进线故障跳闸后，另一路进线再分闸，或者当一路进线分闸后，另一路进线再故障跳闸，则联跳所有馈线开关，实现变电所联跳保护功能；

⑩ 被相邻牵引变电所直流馈线断路器联跳；

⑪ 牵引变电所联跳保护，虽然直流馈线断路器设置了多重保护，但都属于近后备保护，无远后备保护，当开关失灵时，将无法切除故障电流，考虑到直流断路器的失灵情况，在牵引变电所直流系统各开关处设联跳保护，当直流进线开关或馈线开关中，有任一台开关拒动时，发出联跳信号，将本牵引变电所范围内的所有直流进线断路器和直流馈线断路器联跳分闸，实现短路电流的完全切除；

⑫ 大双边联跳自动转换保护，当正线中间线路上的任意一座牵引变电所退出运行时，通过大双边联跳自动转换功能，将两侧相间牵引变电所直流馈线的联跳信号连接起来，自动形成大双边联跳方式转换。

在牵引变电所内，各牵引直流设备一般共同设一套直流设备框架泄漏保护装置，该装置一般设在负极柜内。

第二节　整流机组继电保护

整流变压器与整流器合称为牵引整流机组，是城市轨道交通牵引变电所中的核心设备。在牵引变电所中，交流进线电压通过整流变压器降压，然后经整流器将交流电变成直流供电动车辆使用。

一、牵引整流机组的故障和不正常运行状态

在牵引变电所中，交流进线电压通过整流变压器降压，然后经整流器将交流电变成直流供电动车辆使用。为提高直流供电质量，降低直流电源脉动量，通常采用多相整流方法，采用 6 相、12 相整流，甚至是 24 相整流。为此，整流变压器不仅仅起降压作用，还将三相交流电变成多相交流电供整流器整流。整流变压器和整流器组合称为牵引整流机组，作为交直流系统变换的重要环节，承担着将中压交流（10kV 或者 35kV）电能变换为直流（750V 或者 1500V）电能的任务，是城市轨道交通牵引变电所中的核心设备。

设计选择牵引整流机组时，既要考虑直流供电质量，还要顾及整流变压器利用率。从这一点来说，直流牵引供电制式比交流牵引供电制式更有利，因为交流牵引供电制式是在机车上将高压交流电进行降压整流的，而车辆空间有限，不可能安装太复杂庞大的设备，只能进行单相整流供电。相反，直流牵引变电所却可以在地面安装比较完善的整流装置。

牵引整流机组从提高变压器利用率、减少注入电网谐波含量两方面考虑，经济有效的方法是在三相桥式整流电路基础上增加整流相数。为此，用三相桥式整流电路构成 12 相脉动整流或等效 24 相整流的接线方式，目前获得了广泛应用。

一个脉动数为 p 的整流器，在其直流侧将主要产生 $n=kP$ 次的谐波，而在其交流侧将主要产生 $n=kP\pm1(k=1L,2L,3L)$ 次谐波。因此脉波数越大，可减小整流电路低次谐波含量，提高功率因数。

整流桥直流侧脉波数越多，整流元件导通电角度间隔越小，直流成分也就越纯净。为尽量减小交流输入电流波形里所含谐波成分，提高交流电流正弦度，并降低输出电压脉动振幅，减小滤波电感的电感量（通过提高脉动频率），可以通过并联或者串联多个整流机组来实现，而各机组的变压器接线需采用不同的组别，以获得需要的相位移。

随着我国城市轨道交通建设的快速发展，为了减少网侧（交流中压侧）谐波电流的影响，轨道交通用牵引变电所所采用的整流方式已经从过去的 6 脉波、12 脉波向 24 脉波过渡。等效 24 脉波整流系统在抑制谐波方面可取得良好效果，对电网造成的电流谐波含量比 12 脉波整流下降大约 50%。

牵引整流机组主要故障和不正常运行状态包括：一次侧短路、二次侧短路、变压器过负荷、直流母线短路、牵引变压器过温、整流器过温、整流器硅元件故障。

二、牵引整流机组的保护配置

针对整流变压器一次侧短路，装设电流速断保护；针对整流变压器过负荷、二次侧短路及直流母线短路，装设过流保护；牵引整流机组过负荷，装设过负荷保护；整流变压器温度过高、整流器温度过高，分别装设温度保护；整流器硅元件故障，装设整流器硅元件保护。

除以上保护配置外，还装设了直流设备框架泄漏保护联跳，保护启动后，联跳中压侧馈线开关以及本牵引所的所有直流断路器、相邻牵引所直流馈线断路器；联跳直流进线开关，当牵引整流机组中压侧馈线开关跳闸后，联跳直流进线断路器。

三、整流变压器保护原理

整流变压器不同于电力变，它有许多特殊的地方，首先，它的阀侧（交流低压侧，与整流器相连）绕组为正反双星形（或双角形）联接，有的还是 1 拖 2 形式，再者，阀侧电压低，电流却很大，所以不能像电力变一样设置变压器纵联差动保护。在保护设定方面，需要面对更加严重的情况：假如整流柜内部发生短路，在弧光的作用下，极易造成整个直流系统的正、负母排之间的短路。此时，所有整流机组均向故障点供电，巨大的短路电流可能造成母线、直流刀开关等设备严重损坏，多个快熔、整流元件烧毁。强大的短路电能在故障点引起爆炸、起火等，烧毁整流装置或整流变，甚至扩大事故，人员伤亡。

1. 电流速断保护

电流速断保护作用于中压交流断路器（如图 2-24 中的 106、107）跳闸，要求：躲开整流变压器的励磁涌流，并应大于变压器的额定电流，不考虑继电器的返回系数。同时，与直流系统框架泄漏保护装置配合，在直流侧发生接地或弧光短路时，作用于断路器分断跳闸。保护整定值计算公式为

$$I_{act}=K_{rel}K_c I_{NT} n_i \qquad (4-1)$$

其中：K_{rel}——可靠系数，1.5~3.0，实际值可取 2.5；

K_c——接线系数，当继电器接于相电流时，$K_c=1$；

I_{NT}——变压器一次侧额定电流，A；

n_i——电流互感器变比；

I_{act}——继电器动作电流，A。

2. 定时限过流保护

由于送电时整流机组是在低挡位合闸，保护定值应躲过合闸冲击电流，或设置带时限过电流保护。

保护分别延时或瞬时动作于机组断路器，动作电流的计算与瞬动过电流保护计算相同，只是 K_{rel} 取 1.1～1.5，延时整定值取 0.3～0.5s，并考虑继电器返回系数（按 0.85 计算），同时取消合闸后延时装置。

3. 过负荷保护

过负荷保护的作用是防止机组在生产运行过程中出现过负荷而烧毁整流变压器。由于电力机车牵引负荷变化较大，容易出现过负荷运行的实际情况，设置过负荷保护可作为整个保护的后备保护。

在设置的保护中，电流速断保护作用于跳闸回路，是整流变的主保护；而定时限过电流保护作为整流变的后备保护，在主保护不能准确切除整流变压器阀侧故障时，其作用于跳闸回路，断开故障点，达到预防事故、防止事故扩大的目的。

4. 干式变压器温度保护

由于干式变压器的无油污染问题，环氧树脂及选用的其他绝缘材料都具有难燃、自熄弧、耐潮、抗裂和免维护等特点，其可以安装在室内，深入负载中心，所以越来越多的用户在适当的时候优先选择干式整流变压器。

干式变压器的安全运行和使用寿命很大程度上取决于变压器绕组绝缘的安全。当变压器绕组的绝缘性能降低后，将对其导热性能产生很大影响。在绝缘遭到损坏的位置，其温度将会急剧上升，当上升到一定极限值时，轻者造成变压器绝缘性能降低、使用寿命下降；重者可能造成绝缘击穿，变压器烧毁爆炸，甚至有可能危害运行维护人员的人身安全及整个电网的稳定，其损失不可估量。因此，干式变压器的温度等运行数据进行实时监测及采取保护措施是十分重要的。

随着干式变压器技术的不断进步，其温度保护系统也得到了相应的发展。目前市场上存在多种干式变压器温度保护系统，比较常见的有单片机、PLC 控制的热电阻式智能温度保护系统，比较先进的有采用非接触式红外测温、分布式光纤测温等温度保护系统。

城市轨道交通整流变压器温度保护是采用温度传感器测量绕组或绝缘的温度，同时外接一个温度控制器用于输出报警和跳闸信号。因干式变压器是分相布置的，因此应在每相配置一个温度传感器，该传感器嵌装在低压绕组的上部（低压绕组布置在接地变压器的内层，正常运行时内层绕组的上部温度最高）。

如图 4-1 所示，为 TTC-300 温度显示控制系统。温控系统通过温控箱和安装在低压绕组中的 PTC 测温元件实现对变压器的温度检测和控制。对于自冷变压器配置二温控制箱，若由于故障或超载运行而使变压器绕组温度超过安全值，温控箱会发出报警信号直至发出超温跳闸信号。对于强迫风冷变压器配置四温控制箱，冷却风机的开停取决于绕组的温度，温度高于某一数值时，风机启动，对变压器进行强迫风冷；若温度进一步升高，温控箱将会发出相应的超温报警信号或超温跳闸信号。温显系统直观地显示变压器运行过程中绕组或铁心的温度，可与温控系统配合使用。TTC-300 温度显示控制系统采用 PTC 非线性电阻和

Pt100线性铂电阻双重保护测温,用LED做温度显示,单片机控制,可显示绕组和铁芯温度,可校调控制温度、自动/手动启停风机,自动发出报警、跳闸信号,此信号同时送向变电所综合自动化系统。

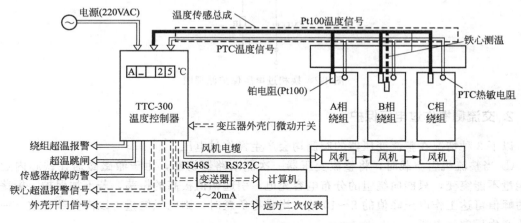

图 4-1 干式变压器 TTC-300 温度显示控制系统原理示意图

城市轨道交通整流变压器温度保护定值分跳闸与报警两种。跳闸定值的整定原则为比变压器绝缘系统的温度等级低 5℃ 以保证绝缘不损坏;报警定值的整定原则为比变压器绕组热点温度额定值低 15℃,这是因为干式变压器绕组的最高温升与平均温升的差值目前尚缺乏资料(油浸式产品的差值为 13℃),考虑到匝间故障点与温度测量点不会一致,把裕度放大一些,将干式产品差值确定为 15℃。GB/T 17211—1998《干式电力变压器负载导则》中常用的 3 种绝缘等级的干式接地变压器有关数据见表 4-1。

表 4-1 干式接地变压器温度参数表   ℃

绝缘系统温度绝缘等级	绕组热点温度额定值	温度保护报警定值	温度保护跳闸定值
130B	120	105	125
155F	145	130	150
180H	175	160	175

四、整流器保护原理

1. 换相过电压保护

在整流元件换相瞬间,由于载流子积累效应产生过电压,其最大值可以达到正常反向电压的 5~7 倍。为防止硅整流二极管在承受换相电压时产生过电压而遭到损坏,必须在阳极与阴极之间并接电容保护。电容两端电压不会突变,因此能吸收浪涌电压,为了防止电容与硅整流二极管组成的回路引起振荡而产生瞬间剧增电流,需串入换相电阻。在大功率的整流器中,换相保护的电容一般采用油浸式或金属膜电容。虽然电解电容也可以作保护用,但因其电解液有可能干枯而导致开路或短路,为保证供电的可靠性,一般不选用电解电容。由电阻、电容组成的换相过电压保护电路如图 4-2 所示,图 4-2 中只画出一条整流臂的换相过电压保护电路,其余整流臂相同。

图 4-2 换相过电压保护原理图

2. 交流侧操作过电压保护

以下 3 种情况在整流变压器的阀侧均会产生操作过电压。

① 当整流机组空载时，将整流变压器一次侧断路器切断，由于激磁磁通在铁芯内贮存的能量不能突变，只能向绕组的分布电容充电，引起幅值极高的振荡，若不加保护，振荡电压的峰值可达工作电压峰值的 8~10 倍，当带有负载时，则电磁能量可以向负载释放，一般不致产生异常过电压。

② 当整流变压器变化大，且网侧为高压时，则网侧在峰值时刻合闸，由于整流变压器网侧线圈之间有分布电容存在，因静电感应，使阀侧线圈瞬时感应出高电压。

③ 当整流机组电源侧高压断路器接通空载整流变压器时，由于系统、线路、整流变压器漏感与变压器分布电容等构成振荡电路，在整流变压器绕组上产生过电压。这一过电压的最大可能值为接通瞬间电源电压瞬时值的 2 倍，因此，最大可能值为电源电压峰值的 2 倍，即整流变压器阀侧可能感应出 2 倍峰值的过电压。

上述过电压的产生，严重危及整流二极管，必须采用操作过电压保护措施。

一般情况下，操作过电压采用压敏电阻保护。压敏电阻是一种氧化锌非线性电阻。在正常交流工作电压下，晶体界面呈高电阻状态，有数百微安电流流过电阻体，在过电压情况下（如承受浪涌电压时），晶体的界面上电压梯度很高，电阻率急剧增大（类似稳压二极管的齐纳击穿），并能转化为电阻体的发热，即浪涌能量被压敏电阻吸收，这就是压敏电阻抑制过电压的原理。由于压敏电阻具有大的非线性系数、冲击通流容量大、无间隙、时间响应好、体积小和常态功耗低等优点，从低电压电子设备到超高压电气设备的过电压保护都得到广泛的应用。同时，为吸收静电过电压，一般也接入电容器作保护。操作过电压与静电过电压保护接线如图 4-3 所示。

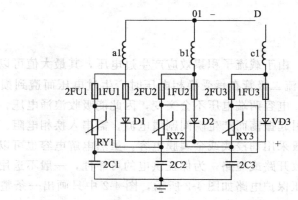

图 4-3 操作过电压与静电过电压保护接线图

3. 直流侧过电压保护

城市轨道交通的运行工作情况决定了直流侧过电压的复杂性，直流侧接于接触网，位于地面的部分不可避免地要承受雷击过电压。在直流侧安装快速断路器，当断开直流侧故障电流时，产生操作过电压；另外，还有来自负载即城市轨道交通车辆上的过电压。若这些过电压处理不当，不但会影响整流设备的运行，而且还会影响线路中其他高压电器及城市轨道交通车辆的运行。因此，在直流侧加装 RC 过电压抑制回路和放电回路，防止直流快速断路器开合时产生的操作过电压损坏二极管，并在整流器输出端并联一个压敏电阻，抑制残余过电压。

4. 过流保护

快速熔断器用来切断内部短路电流或内、外部短路电流，使硅整流二极管得到保护。快速熔断器具有特殊的性能，且体积小、功耗小，并具有较大的断路容量，在切断短路电流过程中，具有快速限流的作用，并且不会发生具有危险性的过电压。由于快速熔断器的熔断速度很快，同时具有限流作用，短路电流尚未上升到最大值前，就可被它切断。快速熔断器的工作原理如图 4-4 所示。

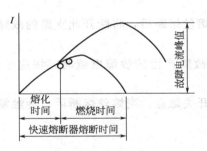

图 4-4　快速熔断器工作原理图

快速熔断器的接入非常简单，将快速熔断器直接串入每只整流二极管即可。整流机组在运行中，若整流元件反向击穿，巨大的故障电流流过快速熔断器，使其迅速熔断，作为报警用的副熔丝也随即熔断，其熔断指示杆弹出，推动微动开关常开触点闭合，接通报警回路，提醒值班人员检查处理。快速熔断器保护原理图如图 4-5 所示。图中只画出单只快速熔断器与整流二极管的保护接线，在实际的大功率硅整流机组中，每条整流臂往往是由多只整流二极管并联组成的，但每只整流二极管的保护接线相同。

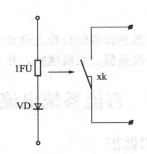

图 4-5　快速熔断器保护原理图

对于大功率整流机组而言，由于在整流臂各并联支路内串接快速熔断器作为故障支路的隔离器件，当整流管过电流或过电压击穿瞬间，快速熔断器即熔断，把故障电流切除，保护了其他支路整流元件的正常工作。快速熔断器主要起短路保护作用，也可以作过载保护。由于快速熔断器结构简单，保护范围广，并且具有极为优越的快速熔断性等特点。对于大电流硅整流机组采用以快速熔断器作为整流元件故障支路的隔离器件，以交流侧断路器作为唯一的保护器件。

当一个桥臂内只有一个快速熔断器的熔丝熔断或不同桥臂内各只有一个快速熔断器熔丝熔断时，发出报警信号；当一个臂内有超出一个熔丝熔断时，发出跳闸信号，使整流变压器高压侧（交流侧）断路器分闸，将整流变压器隔离开，当故障排除后，自动重合闸，将继续运行。

快速熔断器是利用金属导体作为熔体串联于整流二极管支路中，当过载或短路电流通过熔体时，因其自身发热而熔断，从而隔离某一支路，对整流二极管起到保护作用。它具有反时延特性，当过载电流小时，熔断时间长；过载电流大时，熔断时间短。因此，在一定过载电流范围内至电流恢复正常，熔断器不会熔断，可以继续使用。快速熔断器有以下几个方面的作用：

① 当整流桥内部的整流二极管发生故障时，快速熔断器可以有效地隔离故障元件，而不影响其他元件工作；

② 当一个快速熔断器的熔丝熔断后，将断开此支路的故障电流，其余的快速熔断器不需要更换；

③ 当断路器断开由外部故障产生的故障电流时，快速熔断器不会发生损坏或不需要更换；

④ 快速熔断器带有微动开关触点，当熔丝熔断后，会触发微动开关的触点，产生相应的信号用于报警、跳闸。

5. 逆流保护

当某个整流二极管失去反向截止功能，也就是造成整流器交流进线相间短路时，将发生整流器内部短路。此时，逆流保护能够发出跳闸信号或熔断器熔断指示信号。该逆流保护是由串联在整流桥臂上的穿心式逆流电流互感器和一个逆流保护单元组成。当整流桥臂内的某一个二极管被反向击穿时，在故障二极管支路的熔断器开始熔断的弧前时间和燃弧时间内，将有故障电流流经这个桥臂，而接在逆流电流互感器二次侧的逆流保护单元就会发出信号。这个输出信号即是熔断器熔断指示信号或者断路器跳闸信号。

6. 温度保护

在整流器预测温度最高的元件散热器或铜母排上设置温度传感器元件，用于监视元件散热器或铜母排的温度，设置温度一段报警、二段跳闸，并可发出当地及远方信号。

第三节 直流系统电流类继电保护

一、开关本体大电流脱扣保护

大电流脱扣保护是一种开关自带的反应电流幅值增大而动作的保护。大电流脱扣保护的动作特性是，当电流大于电流整定值时，开关脱扣器脱扣，装置动作使开关分闸。

1. 大电流脱扣保护的保护范围

大电流脱扣保护的保护范围与电流保护中的瞬时速断保护类似，用于切断近端短路的大短路电流，所以它对接触网近端金属性短路故障较灵敏，远端短路由于短路电流小，大电流脱扣保护很难动作。

2. 大电流脱扣保护动作电流的整定

如被保护线路短路电流的最小值为 I_{dmin}，则动作电流整定为

$$I_{OP} > K I_{dmin} \tag{4-2}$$

式中　K——可靠系数，其值大于1。

3. 大电流脱扣保护动作时间

系统一旦检测到瞬时电流超过大电流脱扣的动作电流时，将立即跳闸。其固有动作时间仅几毫秒，所以大电流脱扣保护非常灵敏，尤其电流上升非常快的近端短路，往往先于电流上升率及电流增量保护动作。缺点是对接触网中、远端发生故障时反应不灵敏，甚至拒动。

二、DDL 保护

直流牵引供电系统中，机车取流不是总保持在一个水平上，因受到机车起步、加速等操作环节的影响，电流变化频繁而复杂。当故障发生在中、远端时，由于线路阻抗变大，短路电流相对变小，电流速断和过电流保护可能不会动作，采用 DDL 保护，能灵敏的反应故障使断路器跳闸。

DDL 保护由电流上升率保护 di/dt 和电流增量保护 ΔI 组成，分为 $di/dt + \Delta I$ 与 $di/dt + \Delta t$ 两种，保护可单独投退。DDL 保护是通过综合考虑 di/dt 保护和 ΔI 保护来决定保护的动作特性，克服了单独 di/dt 保护易受干扰误动以及 ΔI 保护存在拒动现象的缺点，所以 DDL 保护是使用最广泛的直流馈线主保护。DDL 保护通过检测分析电流上升率 di/dt、电流增量 ΔI 和持续的时间 t 等参数实现对中远距离短路故障的准确判别。

1. DDL 保护原理

该保护需整定的参数为 6 个：保护装置起始门限 E（电流上升率启动值）、保护装置复位门限 F（电流上升率返回值）、最大电流增量 ΔI_{max}，最大电流增量延时 $t_{\Delta I max}$，最小电流增量 ΔI_{min}，最小电流增量延时 T_{max}。

启动值 E 和返回值 $F(E>F)$ 是电流上升率 di/dt 保护的两个定值。在运行当中，保护装置不断地连续检测馈线电流 I_f 及其电流上升率 di/dt，并将 di/dt 与设定值 E 和 F 比较。

如果 $di/dt > E$，则保护启动，进入延时阶段，同时开始测量电流增量（ΔI）并计时 (t)。如果测量值 $\Delta I > \Delta I_{max}$，则经过一段时间 $t_{\Delta I max}$ 延时后，发出跳闸信号；或如果计时时间 $t > T_{max}$，且电流的增量 $\Delta I > \Delta I_{min}$，则发出跳闸信号。如果在延时阶段，电流上升率回落到保护整定值 F 之下，即 $di/dt < F$，则保护返回，重新开始监测。

下面以表 4-2 某典型变电所的直流系统保护定值表加以说明，见图 4-6 和图 4-7。

表 4-2 某典型变电所直流系统保护定值

设备安装地点	正线牵引变电所直流馈出断路器	
保护名称	保护试验整定	保护作用
I_{ds} 开关本体速断	8400A	短路保护
E	60A/ms	中远端保护
F	25A/ms	中远端保护
ΔI_{max}	3500A	中远距离保护
$t_{\Delta I max}$	2ms	中远距离保护
T_{max}	80ms	远端保护
ΔI_{min}	1800A	远端保护

第一种情况：当实测电流上升率 di/dt 大于 E 时，启动保护，由此时开始计算电流增量，同时开始计时。在延时 $t_{\Delta I max}$（2ms）时，如果电流增量大于 ΔI_{max}（$\Delta I_{max}=3500A$），则由 ΔI 保护立即出口使直流馈线断路器跳闸。这就是 $di/dt+\Delta I$ 保护动作的情况，这种情况一般是发生了线路中段的短路。设置 $di/dt+\Delta I$ 保护的整定值要考虑以下四个参数的配合：E、F、ΔI_{max} 和 $t_{\Delta I max}$。

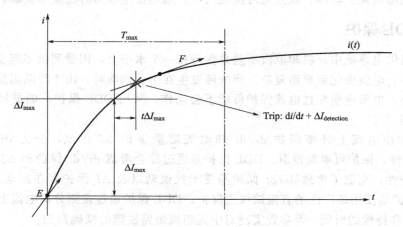

图 4-6 $di/dt+\Delta I$ 跳闸特性曲线

第二种情况：当实测电流上升率 di/dt 大于 E，保护启动，持续到 T_{max}（80ms）延时时间时，如果电流增量仅仅是大于 ΔI_{min}（$\Delta I_{min}=1800A$），则 di/dt 保护出口使开关跳闸。这就是 $di/dt+\Delta t$ 保护的动作情况，这种情况一般是发生了线路末端短路。设置 $di/dt+\Delta t$ 保护的整定值要考虑以下四个参数的配合：E、F、ΔI_{min} 和 T_{max}。

综上所述，电流上升率 di/dt 保护和电流增量 ΔI 保护的启动条件通常都是同一个预定的电流上升率 E。在启动后，两种保护进入各自的延时阶段，互不影响，哪个保护先达到动作条件就由它来动作。一般情况下，di/dt 保护主要针对中远距离的非金属性短路故障，ΔI 保护主要针对中近距离的非金属性短路故障（金属性直接短路故障由断路器自身的大电流脱扣装置来跳闸）。

需要说明的是，上述两种情况下在计算电流增量的过程中允许电流上升率在相对较短的时间内回落到 di/dt 保护整定值之下，只要这段时间不超过 di/dt 返回延时整定值，则保护不返回；反之保护返回。

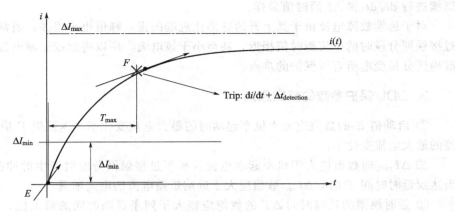

图 4-7 $di/dt+\Delta t$ 跳闸特性曲线

2. DDL 保护的典型工况分析

图 4-8 是 DDL 保护的典型工况图,分析如下。

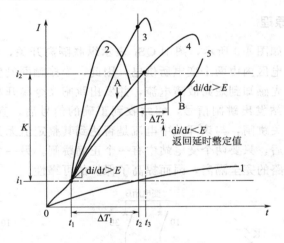

图 4-8 DDL 保护的典型工况

$K=i_2-i_1$:电流增量保护 ΔI 的整定值;E:电流上升率保护 di/dt 整定值;
$\Delta T_1=t_2-t_1$:di/dt 延时动作的时限整定值;ΔT_2:di/dt 返回延时整定值

曲线 1:属于列车启动电流,电流上升率 $di/dt<E$;电流增量 $\Delta I<K$,保护不启动。

曲线 2:虽然电流上升率 $di/dt>E$,电流增量超过 K,保护启动,但延时时间 ΔT_1 不足,经过几毫秒的延时后,电流就开始下降,此时的 $di/dt<E$、$\Delta I<K$,保护返回。

曲线 3:$di/dt>E$ 时,电流上升率保护启动,启动后开始计时(此刻记为 t_1)并计算每个采样点的 di/dt 和 ΔI 瞬时值。当 $t>\Delta T_1$ 后(即 t_2 后)电流上升率保持住 $di/dt>E$ 状态,且 $\Delta I>K$,保护动作,立即使断路器跳闸。

曲线 4:初始阶段 $di/dt>E$,保护启动,某一时刻(A 点),di/dt 小于定值 E,保护并不立即返回,但从此刻开始记录保护返回延时时间 ΔT_2,$di/dt<E$ 的时间没超过 ΔT_2,保护不返回,继续判断电流增量 ΔI 值,在 t_3 处,ΔI 超过定值 K,保护立即动作。

曲线 5:曲线前半段与曲线 4 相同,保护启动,但中间有一段 $di/dt<E$,并且持续时间超过返回延时时间 ΔT_2,所以保护返回。B 点时 $di/dt>E$,保护重新启动,并开始新计时,

继续进行 di/dt 和 ΔI 瞬时值采样。

对于远端故障电流由于其上升的速率比近端的慢，峰值也小很多，通常与列车启动或通过接触网分段时的电流瞬时值相近，甚至小于该电流。所以将远端故障电流与列车启动电流准确区分是变电所直流保护的难点。

3. DDL 保护参数的整定原则

① 启动值 E 的数值应大于机车起动时的最大电流变化率，返回值 F 应小于远端短路电流的最大电流变化率。

② ΔI_{max} 的数值应大于机车起动电流及机车过接触网分段时产生的冲击电流的最大值；当达到延时时间 T 时，ΔI_{min} 数值应大于远端短路电流的电流增量。

③ 延时跳闸的延时时间 ΔT 的数值应该大于列车启动时间的最大值。同时考虑到通过接触网分段时列车内的滤波器有一个充电过程，所以 ΔT 的设定也要保证大于半个列车谐振周期及误差值。

三、双边联跳保护

1. 双边联跳保护原理

双边供电的接触网如图 4-9 所示，图中 QS_1 表示纵联隔离开关，需要越区供电时闭合，其他时间断开。一个供电区内由两个变电所供电，因此，当接触网发生故障后，距故障点近的直流馈线断路器，首先感知到短路故障电流，并发出跳闸命令跳开本站开关，同时将跳闸信号再由联跳装置向邻站发出跳闸信号，邻站收到正确的信号后，直流馈线断路器立即跳闸，此时邻站变电所开关跳闸，与该开关中电流是否达到其整定值无关，这就是双边联跳保护。采用双边联跳保护后，只要两个变电站中有一个正确跳闸，另一个也会随之跳闸，保证与故障（例如短路）线路的完全隔离，因而提高了保护的可靠性。

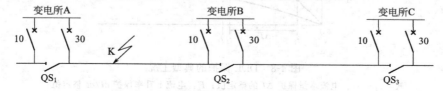

图 4-9 双边供电接触网示意图

假设 K 点发生短路后，距短路点较近的变电所 A 站短路电流大，它的馈线保护中 di/dt 瞬时保护或速断保护先动作，使馈线断路器跳闸，跳闸后其联跳装置向相邻 B 站发出联跳信号，所以 A 站为主跳站。距短路点较远的变电所 B 站为被联跳，当它接收到 A 站联跳信号后，馈线断路器跳闸。

2. 双边联跳逻辑图

从图 4-10 可见，五种保护动作都能发出双边联跳信号，其中框架保护电流元件动作和紧急跳闸不允许重合闸，必须将其闭锁。

3. 双边联跳方案

直流双边联跳保护，其功能是通过联跳电缆及两侧直流开关柜中配置的联跳继电器来实

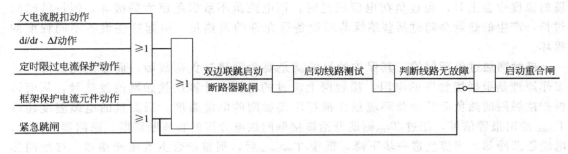

图 4-10 双边联跳逻辑图

现的如图 4-11 所示。双边联跳可通过开关或显示单元投退，下面以馈线柜测控保护单元采用瑞士赛雪龙公司的微机综合保护装置 SEPCOS 为例来说明。

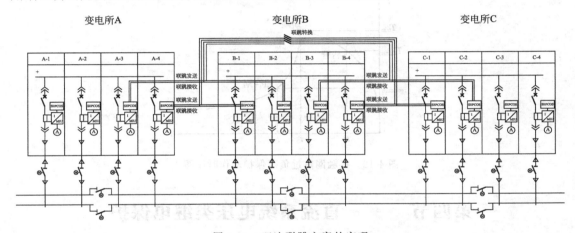

图 4-11 双边联跳方案的实现

(1) 相邻变电所的双边联跳

当本变电所一台断路器跳闸时，必须使相邻变电所内向同一区间供电的断路器同时跳闸；其功能可通过联跳电缆及两侧直流开关柜中的联跳继电器来实现，每条馈线 SEPCOS 数字式保护监控单元的联跳接收与发送采用独立的回路。

其具体实现过程如下。

首先，由一个变电所的一台馈线柜内 SEPCOS 型微机综合测控与保护装置联跳发送回路发出联跳信号，然后，经联跳发送继电器及相邻变电所间的联跳电缆，将此联跳信号发送到相邻变电所的向同一区间供电的馈线柜内，最后，经该柜内联跳继电器进入 SEPCOS 型微机综合测控与保护装置，使其实现联跳断路器动作。

(2) 越区供电时三个变电所的联跳

当处于中间的变电所退出运行时，合越区隔离开关进行越区供电时，其相邻的两个变电所馈线断路器可以进行联跳信号转换。联跳发送继电器的输出信号通过联跳转换继电器传送给下一牵引变电所的相应馈线柜的联跳接收继电器。联跳转换只与本所馈线柜间接线有关，不需要任何外界连线。

四、接触网热过负荷保护

当直流线路处于过负荷状态时，即使没有任何短路故障发生，接触线导线或进线电缆的温度也会上升，当过负荷电流流过时，该电流虽不致引起巨大的破坏，但持续时间过长，产生的热量会超过某些绝缘薄弱设备所允许的发热量，引起这些设备不同程度的损坏。

接触网热过负荷保护，其保护的目的就是要消除热过负荷故障，而非短路故障，其工作原理是根据接触网的电阻，接触网上流过的电流，计算出接触网的发热量，从而再根据接触网的热负荷特性及环境条件推算出接触网的电缆温度。当测量的电缆温度超过 T_{alarm} 给出报警信号，超过 T_{trip} 则跳开给该接触网供电分区的直流断路器。断路器跳开后，电缆逐渐冷却，当温度进一步下降，低于 $T_{reclosure}$ 后，则重新合上直流断路器。接触网热过负荷保护可作为电流上升率保护的辅助保护。图 4-12 给出了接触网热过负荷保护动作的时序图。

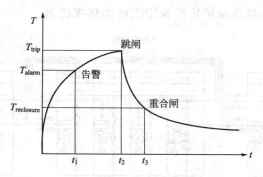

图 4-12　接触网热过负荷保护动作时序图

第四节　直流系统电压类继电保护

一、低电压保护

其作用和定时限过流保护一样，作为电流上升率保护的后备保护，一般与其他保护形式互相配合，不作为单独的保护使断路器跳闸。它的整定值及延时必须与列车正常运行时的运行情况互相配合，应考虑最大负载下列车的启动电流和启动持续时间，还要考虑在一个供电区内多部列车连续启动的情况。当发生短路故障时，直流输出电压迅速下降很多，当输出电压小于整定值时，保护启动，在一定的延时时间内输出电压一直保持小于整定值，则低电压保护发出动作信号。

二、框架保护

直流框架保护的设置是由于直流开关带电设备对直流柜柜体发生泄漏或绝缘损坏闪络时，其泄漏电流不足以启动其他直流保护装置动作，这样就使原有的直流保护起不到应有的作用。而牵引变电所内的直流供电设备采用绝缘安装，主要包括直流开关柜、整流器柜、负极柜等。当直流开关柜的正极对设备外壳发生泄漏时，如不及时切除，容易将故障扩大为正极通过设备外壳对负极间的短路事故。而直流系统的短路电流非常大，正、负极短路时的短路电流可达几万安培，对直流设备将造成严重危害。框架泄漏保护是专门针对直流供电设备的正极与柜体发生故障时的保护措施。其保护原理是当正极对柜体外壳发生绝缘损坏时，能及时切除故障，保证系统的安全运行。

1. 框架保护装置的安装

直流牵引供电系统的接触网为正极，走行轨为负极。如果负极接地，则因牵引负荷的回流除了由走行轨返回，还可以从地返回，但这样会使杂散电流增大，当杂散电流流出金属体时，会对金属体产生电化学腐蚀，为了保护设备金属体和建筑结构钢筋的安全，必须减少杂散电流进入城市轨道交通主体结构、设备及与其相关的设施。因此直流牵引供电系统设计为不接地系统，对直流供电设备如进线柜、负极柜、整流柜都采用绝缘安装，钢轨通过绝缘垫与大地绝缘，以减少杂散电流的泄漏。故正常情况下钢轨对地之间存在着阻值很大的泄露电阻。

直流框架保护以动作类型分为电流型、电压型两种。通常电流型作为框架保护的主保护，电压型作为后备保护，同时电压型框架保护也是钢轨电位限制装置的后备保护。直流开关柜柜体以保护接地扁钢实现互通，保护接地扁钢通过框架保护的电流元件和接地电缆接地，如图 4-13 所示。

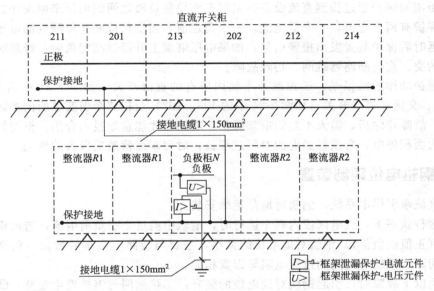

图 4-13 框架保护装置安装示意图

2. 框架保护动作原理

（1）电流型框架保护

电流型框架保护通过检测直流设备对地的泄漏电流来触发保护动作。直流电气设备框架通过负极柜内一套低阻抗框架泄漏保护装置与大地接通。当直流设备绝缘发生变化，例：发生直流设备正极碰壳时，如图 4-14 所示，电流经"+"→设备外壳→Ki→接地网→PL→整流柜负极，构成回路，当直流设备对柜体的泄漏电流达到整定值，电流型框架保护元件 Ki 动作，使相应的交、直流断路器跳闸，切除故障。排流柜在其中起到提高 Ki 电流保护元件灵敏度的作用。

（2）电压型框架保护

由于在城市轨道交通的牵引供电直流系统中，直流设备和钢轨都是采用绝缘法安装，钢轨对地的绝缘电阻是随着绝缘材料的性能变化的，所以电流型框架保护的电流回路的电阻是

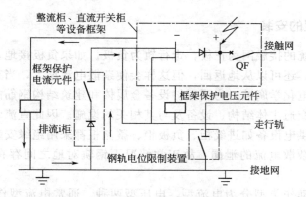

图 4-14　直流开关柜正极碰壳短路示意图

不确定的,当电阻很大时,可能会造成电流回路检测值达不到整定值的要求,从而设备发生绝缘下降而电流型框架保护没动作的情况,所以电压型框架保护就是为了弥补这个缺陷。

电压型框架保护通过检测直流设备框架对直流设备负极之间的电压来触发保护动作。电压型框架保护有两个定值,一个低定值,一个高定值,当线路检测元件测到的电压超过低定值时,经延时后保护装置发出报警信号;如果电压继续上升超过高定值时,经延时后保护装置使相应的交、直流断路器跳闸,切除故障。

框架保护动作的结果是：迅速跳开本站内所有的直流开关（如图 2-24 中的 201、202、211～214）、交流侧进线开关（如图 2-24 中的 106、107）及相邻牵引变电所向本区段供电的直流开关,故障排除后,需人工复归框架保护,断路器才能重新投入合闸。框架保护动作将直接导致大面积停电,自恢复送电的时间过程长,对列车运营造成极大的影响。

三、钢轨电位限制装置

地铁直流牵引供电系统,钢轨对地是绝缘安装。

正常运行状态下,供电区段内列车运行时,钢轨中流过牵引负荷电流,造成钢轨对地电位的升高（正值或负值）。钢轨对地电位的大小,主要与线路上机车的数量、负荷电流、牵引变电所间距、钢轨与地间的过渡电阻等因素相关。

当发生以下故障时,引起钢轨对地电位的陡升：①接触网与钢轨发生短路；②接触网对架空地线（地）发生短路故障；③直流设备发生框架泄漏故障；④牵引变电所整流变压器二次侧交流系统发生单相接地短路。

因此,钢轨对地有时存在高电位,而列车与钢轨之间是等电位的,当乘客站在站台时,有可能通过列车车体接触到这一高电位。特别是在站台上安装了站台屏蔽门之后,由于站台屏蔽门直接与钢轨连接,更增加了乘客接触钢轨高电位的机会。为了保障乘客的安全,在钢轨和地之间安装了钢轨电位限制装置,如图 4-14 所示。

钢轨电位限制装置安装在各个车站及停车场内,监测钢轨与地之间的电压。如果该电压超过整定值时,钢轨电位限制装置动作,将钢轨与地短接。同时,监测流过装置中（钢轨与地之间）的电流。当该电流低于整定值时,装置将自动复位,断开钢轨与地的连接。

1. 钢轨电位限制装置动作原理

钢轨电位限制装置主要通过检测钢轨对地电压进行保护动作。地铁钢轨电位限制装置主要由多级电压测量元件和短路复合开关组成,短路复合开关电路由直流接触器和晶闸管并联组成。以某一运营的城市轨道交通线路为例，其钢轨电位限制装置的动作设置如下。

① 当钢轨电位大于90V并经一定延时，接触器合闸动作使钢轨与地相连，延时10s后分闸，如果在设定的时间内连续动作3次后，钢轨电位还偏高，则限制装置合闸后不再分闸。

② 当钢轨电位大于150V时，接触器无延时动作，不再分闸，直到电压恢复正常值接触器断开。

③ 当钢轨电位大于300V时，晶闸管在1ms之内导通，使钢轨与地相连，同时接触器启动其常开接点永久接通。此类情况发生，必须由人工复归后方可重新合上开关。

上面第二条件中，接触器动作虽然无延时，但接触器的固有动作时间比晶闸管反应长，所以当钢轨电位大于300V时动作最快。

2. 钢轨电位限制装置与框架保护的关系

电压型框架保护与钢轨电位限制装置保护两者都是检测钢轨电位对地电压，不同的是电压型框架保护的作用是侧重于保护直流设备安全，动作于相关进出线开关跳闸，隔离故障直流设备，钢轨电位限制装置保护的作用是降低钢轨对地电压，从而保护人身安全，而且不联跳相关进出线开关，牵引直流系统不受影响，列车仍可正常运行。

由于电压型框架保护电压整定值大于或等于对应的钢轨电位限制装置的值，而且动作延时时间较长，正常情况下当发生钢轨电位升高到一定值时，钢轨电位限制装置应首先动作，使钢轨与地连通，将钢轨电压泄入大地，把电位钳制在地电位，一旦钢轨电位限制装置拒动时，电压型框架保护延时动作于报警或跳闸，起到了保障人身安全和设备安全的作用。

如线路没有发生短路故障，而是由于车辆运行中其他原因导致钢轨电位升高，理应由钢轨电位限制装置动作，但如果钢轨电位限制装置与电压型框架保护装置匹配存在问题，从而因钢轨电位限制装置拒动，而导致电压型框架保护装置动作，就会造成接触网大面积停电，严重影响地铁正常运营。

因此，钢轨电位升高到整定值，钢轨电位限制装置应首先动作，只有调整好钢轨电位限制装置和电压型框架保护时间配合关系，才能有效避免电压型框架保护误动作情况的发生。

第五节 ●●● 直流馈线的控制功能及自动装置

一、馈出线的线路检测装置

线路检测装置用于对直流馈线断路器进行控制。每个馈线柜中都有线路检测装置，在合闸前，对即将送电的接触网（接触轨）线路进行测试，以防止断路器与其近端短路故障点连通。

典型的线路测试原理图如图4-15所示。

线路检测装置在断路前合闸前进行线路测试，主要监测母线电压U_z，馈线电压U_f。

在开关柜主母线和馈线之间增加线路测试用电阻和线路测试用接触器，测量馈线电压U_f：馈电线（接触网）与回流网之间的电压，将U_f与线路最小工作电压$U_{f\,Low}$以及线路残压$U_{f\,Residue}$比较；测量回路电阻R，将回路电阻R与线路最小电阻R_{min}比较，确定是否可以合闸。一般来说，1500kV直流供电系统的整定参数为：$U_{f\,Low}=750V$，$U_{f\,Residue}=500V$，$R_{min}=2.5\Omega$；750V直流供电系统的整定参数为$U_{f\,Low}=450V$，$U_{f\,Residue}=150V$，

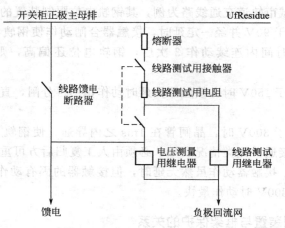

图 4-15 线路测试的典型线路图

$R_{min} = 2.5\Omega$。

线路测试的各种情况如下。

(1) $U_z < U_{f\,Residue}$ 且 $U_f > U_{f\,Low}$ 说明该段接触网线路已经由相邻牵引变电所馈线断路器合闸供电，该段接触网线路绝缘良好，本所断路器可以直接合闸。

(2) $U_z > U_{f\,Low}$ 且 $U_f > U_{f\,Low}$ 说明相邻变电所已经合闸，本站总闸已经合闸，若电压差保护投入使用（则检测断路器母线侧和线路侧的电压差是否在允许范围），判断电压差是否在允许范围内，若电压差保护未投入，则直接合闸馈线断路器。

(3) $U_z > U_{f\,Low}$ 且 $U_f < U_{f\,Residue}$ 说明该段接触网线路尚未送电，无法确认绝缘是否良好，闭合线路测试用接触器 T 秒，将 $U_{f\,Residue}$ 加到线路上，测量线路的回路电阻 R。如果电阻 $R > R_{min}$，则说明该段接触网线路绝缘良好，则断路器可以合闸，如果电阻 $R_{min} > R$，在"就地"模式下，线路测试停止并闭锁断路器。在"遥控"模式下，连续进行线路测试 N 次，每次时间间隔 D，若线路故障存在，线路测试停止并闭锁断路器。

(4) 除上述三种以外的情况均闭锁断路器的合闸。

其中线路测试次数 N、两次测试的间隔 D、每次测试的时间 T 均可调。

二、自动重合闸装置

1. 自动重合闸的作用

牵引供电系统故障可分为以下两种类型。

瞬时性故障：在接触网线路被继电保护迅速断开后，电弧即行熄灭，故障点的绝缘强度重新恢复，此时，如果把断开的线路断路器再合上，就能恢复正常的供电，因此称这类故障为"瞬时性故障"。常见的瞬时性故障有：列车逆变器换向故障、雷击过电压引起绝缘子表面闪络或角隙避雷器放电、大风时的短时碰线等。

永久性故障：在线路被断开以后，故障仍然存在，这时即使再合上电源，由于故障仍然存在，线路还要被继电保护再次断开，因而就不能恢复正常的供电。此类故障称为"永久性故障"。

在直流馈线断路器柜中设置了自动重合闸功能，通过线路测试回路，计算线路残余电阻来判别故障性质，决定是否进行自动重合闸。

2. 采用自动重合闸的技术经济效果

采用自动重合闸的主要技术经济效果有：

① 大大提高供电可靠性，减少线路停电时间和次数，这对地铁供电这种一级负荷来说尤为重要；

② 在高压输电线路上采用重合闸，还能提高电力系统并列运行的稳定性；

③ 对断路器本身由于机构不良或继电器误动作引起的误跳闸，也能起到纠正的作用。

所以在牵引网和输电线路中都采用了自动重合闸装置。但采用自动重合闸后，当重合于永久性故障上时，也将带来一些不利影响。

不利影响主要有：

① 若断路器重合于永久性故障上时，使供电系统多受一次故障冲击；

② 若断路器重合于永久性故障上后，保护会使断路器第二次跳闸，断路器的工作条件变得更加恶劣，在很短的时间里，它要连续切断两次短路电流。

3. 自动重合闸的原则

自动重合闸的原则如下。

正常操作断路器合闸时，对线路进行多次测试（一般设定为 3 次），通过电流和电压的测量，计算线路残余电阻。线路正常则允许合闸，如线路存在持续性故障，则闭锁合闸。

当接触网发生故障时，断路器分闸，起动线路测试，并根据测试结果判别故障性质，如故障是瞬时性的，自动重合闸将使断路器重新合闸；如故障是永久性的，直流断路器不进行重合闸。框架泄漏保护不起动线路测试及重合闸。

4. 自动重合闸条件

① 馈线断路器控制单元是否处于"自动模式"。所谓"自动模式"是指馈线断路器柜控制单元在无保护装置动作及故障跳闸的前提下，从接到合闸指令开始，进入的运行模式。是否处于自动模式，决定断路器跳闸后是否进行重合闸。

② 当接到分闸指令或框架泄漏保护动作或接到框架泄漏保护联跳信号；或开关柜内部故障（断路器跳闸、断路器故障、断路器小车故障）信号时，控制单元退出自动模式，不进行重合闸操作。

③ 馈线断路器处于分闸状态。

④ 无接触网过负荷跳闸信号。

⑤ 无联跳信号。

5. 重合闸过程

直流馈线断路器的自动重合闸动作过程是通过控制单元内部程序来控制的，结合图 4-16 说明时间控制流程如下。

① 断路器跳闸后，在符合自动重合闸条件的前提下，进入自动重合闸程序。

② 重合闸程序设置重合闸总时间，约为 85s，在总时间内根据线路绝缘检测情况进行若干次自动重合闸。

③ 第一次重合闸前设置基本等待时间，约为 5s，主要考虑绝缘恢复时间及断路器触头冷却时间等因素。在等待时间结束后，进行 2~5s 的线路绝缘检测，考虑到列车负载阻抗，

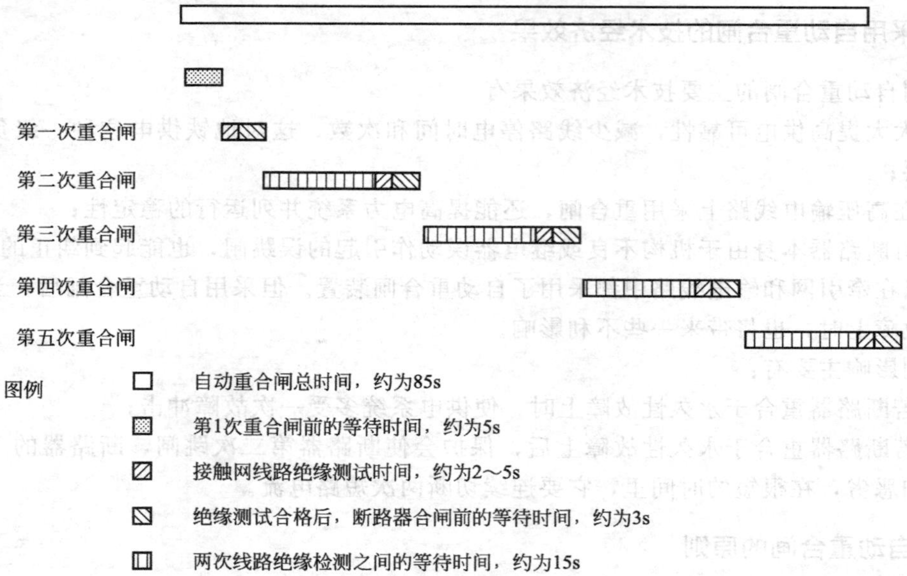

```
第一次重合闸
第二次重合闸
第三次重合闸
第四次重合闸
第五次重合闸

图例    □  自动重合闸总时间，约为85s
        ▨  第1次重合闸前的等待时间，约为5s
        ▨  接触网线路绝缘测试时间，约为2~5s
        ▨  绝缘测试合格后，断路器合闸前的等待时间，约为3s
        ▥  两次线路绝缘检测之间的等待时间，约为15s
```

图 4-16 自动重合闸时间控制图

当线路对钢轨电阻大于 1Ω 时，判断为接触网无金属性短路故障。等待 3s 后将断路器自动合上。在经过一段时间的等待后，断路器如果仍未跳闸，则控制单元判断为重合闸成功，退出重合闸程序。

④ 当绝缘检测不成功或断路器合闸后在短时间内再次跳闸，则控制单元判断为重合闸不成功，进入下一重合闸循环。等待 15 秒后重新进行绝缘检测。

⑤ 当绝缘检测回路故障或断路器合于非金属短路点时，经过 4~5 次重合闸尝试仍无法取得成功。并且已经达到重合闸总时间（85s），控制单元判断接触网存在永久故障，退出重合闸程序，并将断路器操作闭锁。

复习思考 ▶▶▶

4-1. 简述直流牵引供电系统的保护配置情况。
4-2. 叙述大电流脱扣的整定原则及保护范围。
4-3. 简述 DDL 保护的工作原理。
4-4. 简述双边联跳保护原理，并解释双边联跳的主跳站和被联跳站。
4-5. 根据双边联跳逻辑图说明哪些保护动作需要双边联跳？
4-6. 为什么要是设置框架保护？如果框架保护动作，具体说明哪些开关需要跳闸？
4-7. 电压型框架保护与钢轨电位限制装置保护的共同点和区别是什么？
4-8. 叙述线路测试的各种情况。
4-9. 自动重合闸的作用是什么？

阅读材料 ▶▶▶

一、怎样理解继电保护、继电保护装置？

电力系统在运行中，可能发生各种故障和不正常运行状态，最常见同时也是最危险的故障是发生各种形式的短路。电力系统中电气元件的正常工作遭到破坏，但没有发生故障，这种情况属于不正常运行状态。例如，因负荷超过电气设备的额定值而引起的电流升高（一般称过负荷）就是一种最常见的不正常运行状态。

故障和不正常运行状态，都可能在电力系统中引起系统或其中一部分的正常工作遭到破坏，并造成对用户少送电或电能质量变坏到不能容许的地步，甚至造成人身伤亡和电气设备的损坏。

故障一旦发生，必须迅速而有选择性地切除故障元件，这是保证电力系统安全运行的最有效方法之一。切除故障的时间常常要求小到十分之几甚至百分之几秒，实践证明只有在每个电气元件上装设保护装置才有可能满足这个要求。

在电力部门常用"继电保护"一词泛指继电保护技术或由各种继电保护装置组成的继电保护系统。继电保护装置，就是指能反应出电力系统中所发生得故障或不正常运行状态，并动作于断路器跳闸或发出信号的一种自动装置。

二、继电保护的基本任务是什么？

(1) 自动、迅速、有选择性地将故障元件从电力系统中切除，使故障元件免于继续遭到破坏，保证其他无故障部分迅速恢复正常运行。

(2) 反应电气元件的不正常运行状态，并根据运行维护的条件（例如有无经常值班人员），而动作于发出信号、减负荷或跳闸。此时一般不要求保护迅速动作，而是根据时电力系统及其元件的危害程度规定一定的延时，以免不必要的动作和由于干扰而引起的误动作。

(3) 和自动重合闸装置配合。

三、如何构成继电保护装置？

继电保护装置的组成可概括地画成图4-17所示的结构方框图，主要包括三个部分：测量部分、逻辑部分和执行部分。

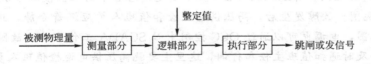

图4-17　继电保护装置结构方框图

继电保护装置中各组成部分的作用是：测量部分测量从被保护对象输入的有关电气量，并与已给定的整定值进行比较，根据比较的结果，给出"是"、"非"；"大于""不大于"等具有"0"或"1"性质的一组逻辑信号，从而判断保护是否应该起动。逻辑部分根据测量部分各输出量的大小、性质、输出的逻辑状态出现的顺序或它们的组合，使保护装置按一定的逻辑关系工作，最后确定是否应该使断路器跳闸或发出信号，并将有关命令传给执行部分。继电保护中常用的逻辑回路有"或"、"与"、"否"、"延时起动"、"延时返回"以及"记忆"等回路。执行部分根据逻辑部分输出的信号，最后完成保护装置所担负的任务。如故障时，动作于跳闸；不正常运行时，发出信号；正常运行时，不动作等。

四、继电保护的基本要求有哪些？

无论是哪种原理构成的继电保护，在技术上都应满足四个基本要求，即选择性、速动性、灵敏性和可靠性。

所谓选择性就是指当电力系统中的设备或线路发生短路时，其继电保护仅将故障的设备

或线路从电力系统中切除,当故障设备或线路的保护或断路器拒动时,应由相邻设备或线路的保护将故障切除。

所谓速动性就是指继电保护装置应能尽快地切除故障,以减少设备及用户在大电流、低电压运行的时间,降低设备的损坏程度,提高系统并列运行的稳定性。

灵敏性是指电气设备或线路在被保护范围内发生短路故障或不正常运行情况时,保护装置的反应能力。能满足灵敏性要求的继电保护,在规定的范围内故障时,不论短路点的位置和短路的类型如何,以及短路点是否有过渡电阻,都能正确反应动作,即要求不但在系统最大运行方式下发生三相短路时能可靠动作,而且在系统最小运行方式下发生经过较大的过渡电阻的两相或单相短路故障时也能可靠动作。

可靠性就是不误动、不拒动,是对继电保护最根本的要求。不误动是要求继电保护在不需要它动作时可靠不动作,不拒动是要求继电保护在规定的保护范围内发生了应该动作的故障时可靠动作。

五、发生直流框架保护动作,高压供电巡检值班人员应急处理程序

1999 年 6 月,某地铁线路由于钢轨电位升高,直流框架保护动作,引起本所 6 个直流开关柜和进线 2 个 35kV 整流柜跳闸,同时分别联跳相邻两个变电所向故障所方向供电的各 2 个直流开关,导致接触网大面积停电,影响行车 42 分钟;2005 年 1 月 3 号,某地铁才开通几天,同样由于框架保护动作,导致某号线全线瘫痪,影响行车近 4 个小时。

针对上述地铁线路发生的框架保护动作情况分析,当时均没有发生短路故障,而是由于车辆运行和其他原因导致钢轨电位的升高,应该由钢轨电位限制装置动作,但由于钢轨电位限制装置与电压型框架保护装置匹配存在问题,从而导致电压型框架保护装置动作。

一旦发生直流框架保护动作,就会向交直流开关发出跳闸命令,本所 6 个直流柜和 2 个 35kV 整流变柜同时跳闸,并联跳相邻 2 个牵引变电所各 2 个向本区段双边供电左右线开关,共 12 个开关柜跳闸。故障发生后,高压供电巡检和值班人员应沉着冷静,正确判断故障类型和停电影响范围,电调也可以通过 OCC 控制中心 SCADA 工作台确认故障所保护跳闸和报警的类型,并及时通知值班主任和行调,这里主要就高压供电巡检值班人员应急处理程序作以下介绍。

1. 本所有人值班

(1) 如果是电流型框架保护动作,值班人员应迅速打开负极柜后门,按下柜内 K500 (MAS-2) 继电器上的红色复位按钮,使继电器复位,复位完成后应迅速关好负极柜后门,然后迅速在直流开关柜侧面板处,按下"复位按钮"复位。

(2) 如果是电压型框架保护动作,可直接在直流开关柜侧面板处,按下"复位按钮"复位。

(3) 如果复位成功,迅速通知电调,电调可以直接合上所有跳闸开关。

(4) 如果复位不成功,供电值班人员应迅速将故障所直流开关柜侧面板处将联跳转换开关转换到切除位置,解除与相邻牵引所的联跳装置,联跳装置解除后,相邻牵引所被联跳的开关会自动重合,说明线路正常,此时故障牵引所的相邻 2 个牵引所之间已经单边供电(故障牵引所退出运行),电调确认以上动作后,应尽快进行大双边越区开关操作,由单边供电转换为大双边供电运行方式。

2. 本所无人值班

如果发生直流框架保护动作的故障牵引所无人值班,那相邻牵引变电所肯定有人,一旦

故障所发生直流框架保护动作，相邻牵引所值班人员得到信息后，应迅速将直流开关柜侧面板处将与故障所联跳转换开关转换到切除位置，解除与故障牵引所的联跳装置，联跳装置解除后，故障牵引所相邻牵引所被联跳的开关会自动重合，说明线路正常，此时故障牵引所的相邻两个牵引所之间已经单边供电（故障牵引所退出运行）电调确认以上动作后，应尽快进行大双边越区开关操作，由单边供电恢复为大双边供电运行方式。

第五章
电力监控

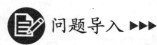

《地铁设计规范》（GB 50157—2013）指出：地铁供电系统应设置电力监控系统，电力监控系统的功能应满足变电所无人值守的运行要求。电力监控系统的组成如何？都有哪些设备？可以实现哪些功能？本章将扼要予以介绍。

 学习要点 ▶▶▶

- 电力监控系统的组成。
- 电力调度系统（主站）的设备及其功能。
- 变电所综合自动化系统（子站）的设备结构与功能。
- 电力监控系统的功能。
- 地铁变电所电力监控的主要内容。

第一节 ●●● 电力监控系统的概念及其硬件构成

电力监控系统又称为电力远动系统，简称 PSCADA 系统，是以现代计算机、网络、自动化及信息技术为基础的新型计算机集成系统。系统可集成多个轨道交通自动化专业子系统，并可在集成平台支持下对轨道交通各专业进行统一监控，可实现各专业系统的信息共享及系统之间的联动控制，提高运营效率。

轨道交通电力监控系统是在供电系统设备的远程状态监控、远程控制的需求基础上逐步发展起来的。它对轨道交通供电系统中牵引降压混合变电所、降压变电所、跟随所、主变电所等不同变电所内的高压设备、中压设备、低压设备、直流设备、交直流电源屏、排流柜、轨道电位限制装置等对象进行监视、测量、控制，实现对各种设备的信息采集、数据的分析处理、报表的统计、事故报警、历史信息查询等控制功能，因而对于保障城市轨道交通的安全运行具有重要的意义。

轨道交通电力监控系统由控制中心的电力调度系统（含车辆段的复示系统）、变电所综合自动化系统及联系两者间的通道三部分组成，其中控制中心的电力调度系统作为一个子系统纳入综合监控系统（ISCS），包括电力调度系统、供电复示系统、通信通道及通信设备等部分；变电所综合自动化系统则设置在全线的主变电所、牵引降压混合变电所、降压变电所内。跟随所不单独设变电所综合自动化系统，纳入为其供电的主变电所、牵引降压混合变电所或降压变电所内。变电所综合自动化系统由站级管理层、网络通信层、间隔设备层、维护设备等部分组成。通信通道是利用综合监控系统组建的骨干传输网。

轨道交通电力监控系统网络结构图如图 5-1 所示。

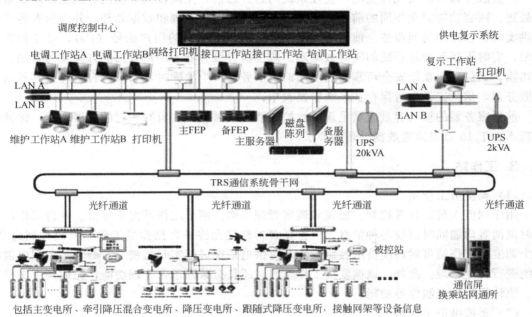

图 5-1　轨道交通电力监控系统网络结构图

一、控制中心电力调度系统

控制中心电力调度系统的主要设备包括：系统局域网络设备（中心机房网络交换机、调度大厅接入交换机、防火墙）、服务器（系统服务器、前置服务器）、工作站（调度员工作站、系统维护工作站、数据文档工作站、综合信息工作站、视频监视工作站）、网络打印机及其他网络连接附件、中心 UPS 电源等。

1. 系统局域网络

电力调度系统的局域网络采用双以太网的结构，互为备用。正常状态下双网同时工作，可根据需要分担不同的数据传输或是平衡网络的负荷；当任一网络发生故障时，系统发出报警信息，在一定时间内由非故障网络承担全部的数据传输，保证系统的持续运行。系统根据不同功能要求进行网段划分，以保证系统网络的效率及安全性、可靠性。

网络结构采用开环总线型结构，配置以太网交换机，通信协议采用 TCP/IP 协议。传输媒介采用高品质的超 6 类双绞线或光纤，通信速率不小于 100Mbps。系统网络具有良好的扩展性，网络节点的增加不会影响网络性能。

2. 服务器

两套功能、性能相近的系统服务器作为网络内其他计算机的共享资源。当一套服务器发生故障时，系统自动切换到另一套服务器上，故障信息在打印机上打印，并在另一台服务器系统故障画面上显示故障信息。系统服务器具有数据流控制及管理功能，两套系统服务器支持数据校验，以确保一致的数据库，同时提供对双机工作状态的在线检测，并完成数据的后台处理、历史数据库的管理、网上节点资源分配等工作。

前置服务器可以实现与变电所监控系统的远方通信，完成数据的发送、接受以及数据的预处理。两套功能完全相同的前置服务器用于系统的网络管理和数据处理，并为所有客户机提供实时数据库的访问服务。前置服务器集中管理整个网络的用户账号（ID）、口令和客户权限，实时更新和处理系统的实时数据库。两套前置服务器采用热备用的方式互为备用、自动切换，确保整个系统安全可靠。当主用前置服务器产生故障时，系统可自行转换到备用前置服务器，信息记录自行保存在系统警报表中。

前置服务器的接入容量应满足现场被控站接入的需要，并留有一定的扩展裕度，保证能处理不少于10万点监控数据处理的要求。

3. 工作站

（1）调度员工作站

用于调度人员的日常控制、监视和调度管理工作。两个工作站完全等价、并行工作，任一时刻两者均能同时监视各种信息，但在任意时刻仅允许一台操作员工作站发出控制命令。每个调度员工作站可对调度员的控制操作及对供电系统进行实时监视，对所管辖范围内供电系统进行调度管理。此外，该调度员工作站同时还具有兼顾运营管理功能，完成调度文档管理、统计报表生成制作等功能。

（2）系统维护工作站

用于维护系统软件、定义系统运行参数、定义系统数据库及编辑、修改、增扩人机界面画面等工作；并同时具有网络管理功能，对全线网络设备进行设置和管理。当调度员工作站故障时，通过系统设置可作为备用临时替代调度员工作站使用。具备系统维护及网络管理功能。

（3）数据文档工作站

主要用于利用各种实时数据和报表组态工具对数据进行选择、组合、累积、统计等加工处理，生成各种报表。

4. 防火墙

防火墙设备采用机架式结构，安装于前置服务器柜内。支持硬件防病毒功能、流量监控功能。

5. 网络打印机

系统配置两套具有网络功能的打印机，用作事件打印、报表/画面打印、程序打印。两套打印机接入系统双网，以实现打印机的网络共享。

6. 中心UPS电源

提供应急不停电电源。

二、供电复示系统

供电复示系统一般设置于停车场电车间调度室,为满足运营统一管理的需要,在主变电所等处也可以增设复示系统,用于运营人员灵活监视全线变电所设备、接触网设备的运行情况及对全线进行杂散电流监测,使供电维护人员及时了解现场事故信息,提高处理事故的工作效率,缩短停电时间。供电复示系统还可与控制中心实现远程通信,完成维修调度作业计划的发送和接收,为检修人员提供第一手信息资料。

供电复示系统主要设备包括1套复示工作站、1套设备管理工作站、1套交换机、1台打印机、1套UPS及工作台等。复示工作站配置等同于控制中心系统维护工作站,用于电力监控系统的复示;设备管理工作站等同控制中心数据文档工作站,用于设备管理和杂散电流监测系统的监视;交换机用于复示系统的组网和远程通信,并配置光电转换装置用于连接到远程通信通道;UPS电源采用在线工作方式,为复示系统提供15分钟备用电源。

图5-2为供电复示系统工作场景。

图5-2 轨道交通电力监控供电复示系统工作场景

三、通信通道及通信设备

1. 控制中心与各被控站之间的通信通道

控制中心与被控站之间由通信系统提供两路100M以太网双通信通道,在各站点通信设备室内提供两个标准的独立网络端口,接口形式为10/100M自适应以太网接口,物理接口为RJ45。通信设备室至变电所采用光纤通信;如果控制中心通信设备室至电力监控系统机房的距离超过100米,也采用光纤通信;由电力监控系统提供光缆和光电转换等连接附件,并负责连接。

主变电所就近车站内的变电所设置两套通道扩展交换机,用于远程通道的扩展,主变电所综合自动化系统先接到该两套通道扩展交换机上,再接入通信以太网通道。

2. 控制中心与停车场复示系统之间的通道

控制中心与停车场复示系统由通信系统提供两路10M专用以太网通信通道,两点各提供标准的独立网络端口，接口形式为 10/100M 自适应以太网接口，物理接口为 RJ45。停车场通信设备室至供电车间采用光纤通信，由停车场综合布线专业提供综合楼与信号楼之间的光纤资源，并提供电力监控光电转换设备电源及安装位置，电力监控系统负责连接，接口在综合布线间光纤配线架。

四、变电所综合自动化系统

变电所综合自动化系统采用分层分布式结构，系统分为三层：站级管理层、网络通信层和间隔设备层。典型结构如图 5-3 所示。

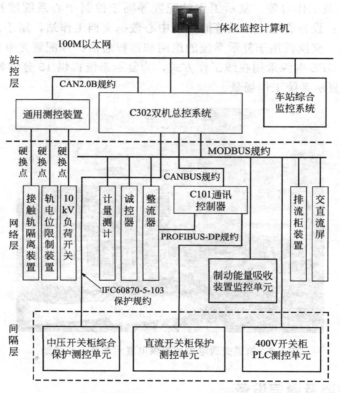

图 5-3 变电所综合自动化系统典型结构

站级管理层主要包括站控主单元、电源、交换机和报警装置等；网络通信层即为所内通信网络和接口设备；间隔层包括分散安装于开关柜内的微机保护测控单元、信息采集单元、智能测控单元等设备，间隔设备单元通过所内通信网络层与站级管理层进行数据交换。

1. 站级管理层

站级管理层的设备安装在专用机柜（控制信号盘）内，控制信号盘安装在变电所控制室内，盘上安装有站控主单元、人机接口单元（按键式液晶显示器）、测控装置（数字 I/O 和模拟 I/O）等设备，并预留供便携式计算机及打印机操作的可拉出活动支架的位置。盘上设有音响报警装置，具有事故、预告两种音响，并设置音响"投入"、"撤除"转换开关。音响为自动复归方式，报警时间可调整。控制信号盘上还装设相关控制信号继电器、试验继电器（用于与控制中心的通道测试），配置轨电位变送器、报警信号灯等。

（1）站控主单元

变电所综合自动化系统的信息中心，用于实现各类基础设备与监控工作站、综合监控系统之间的通信传输，接收电力调度中心或变电所控制室的指令，向基础设备层的设备发布指令，收集并处理从基础设备采集到的各类信息。站控主单元应采用处理能力强、可靠性高、实时响应速度快的工业级通信控制器，应具有看门狗、自诊断、自恢复功能，输入输出接口可扩充。

（2）通用测控单元

用于对硬接线的 I/O 数据进行采集。具有完备的直流测量、开关量采集、控制等功能。

（3）一体化监控计算机

控制信号盘前面板配置工业级一体化工作站、键盘等设备，通过菜单检索及数据输入、浏览阅读等操作功能键，可调看所有包括测量值、各种事件信息、自检信息等数据内容；以汉字显示方式实现人机对话，完成各项所内集中监控功能。

2. 网络通信层

（1）所内监控网络

监控网络由所内通信网络及网络接口设备组成。采用光纤以太网、单网结构，网络拓扑结构采用星型连接，单节点的故障不影响网上其他节点，易于故障的查找与隔离。网络通信速率 10/100M 自适应，底层通信协议为 TCP/IP，应用层通信协议在设计联络时确定。网络节点容量不小于 64 个，并预留足够的接口扩展容量。每类开关柜提供一套独立的光纤以太网接口设备（35kV 和 1500V 开关柜的光纤以太网接口设备由开关柜厂家提供，0.4kV 开关柜的光纤以太网接口设备由施工方提供）完成所内通信网络与开关柜内测控保护单元的接口。

（2）交换机

每面控制信号盘配置工业级光纤交换机一台，用于建立免受电磁干扰的宽带交换式所内通信网络。光纤交换机具有充足的光交换端口，并支持光口和电口的任意混配，用于连接不同设备群上的所内通信网络接口，满足变电所综合自动化系统测量、控制、保护的通信技术要求，应用层通信协议采用国际通用标准，通信传输速率为 10/100Mbps，可通过通信规约收集 SOE 信息。

3. 间隔设备层

间隔设备层单元包括分散安装于供电设备就地的微机保护测控单元、信息采集单元、智能测控单元等装置以及采用硬接点输出的现场设备。

（1）牵引降压混合变电所的间隔设备单元

牵引降压混合变电所的间隔设备单元包括：35kV 各开关柜综合保护测控单元；35kV 进、出线开关柜线路光纤纵差保护单元；35kV 整流变压器开关柜的计量表计；负极柜保护测控单元；1500V 直流进线柜保护测控单元；1500V 直流馈线开关柜保护测控单元；接触网电动隔离开关控制单元；0.4kV 开关柜测控单元及 PLC；整流变压器温控器；整流器 PLC；动力变压器温控器；交、直流盘智能监控单元；单向导通装置、排流柜、轨电位、故障总信号的测控装置；有源滤波装置智能监控单元。

（2）降压变电所的间隔设备单元

降压变电所的间隔设备单元包括：35kV 各开关柜综合保护测控单元；35kV 进、出线开关柜线路光纤纵差保护单元；0.4kV 开关柜测控单元及 PLC；动力变压器温控器；交、

城市轨道交通供电系统概论

直流盘智能监控单元；单向导通装置、排流柜、轨电位、故障总信号的监控单元；有源滤波装置智能监控单元。

第二节 ● ● ● 电力监控系统功能

电力监控系统作为综合监控系统的一个子系统，通过通信数据通道及各被控站的变电所综合自动化系统，实施对供电系统及设备运行状况的实时监控，及时掌握和处理供电系统的各种事故、报警事件、准确实施调度指挥、事故抢修和故障处理，为电力调度提供自动化管理手段，保证供电系统的安全可靠运行。

一、控制中心电力调度系统主要功能

1. 遥控功能

遥控功能分单控和程控两种。单控是对单个开关的单独控制，程控是对一组开关进行控制。根据运营的需要，运营人员可以进行对系统进行单控或程控操作。为了方便日常运营，缩短事故的处理时间，系统应根据可能出现的各种情况，设置相应的程控卡片。

2. 遥信功能

遥信信号：变电所开关位置信号、开关设备接地刀闸位置信号、变电所内事故信号和预告信号、变电所内交直流信号等等。

数据采集及显示：包括正常运行状态的显示和报警信息处理两部分。正常运行状态的显示是各被控站主控单元将各种信息实时地传递到控制中心综合监控系统电力调度子系统，通过 LCD 装置和大屏幕投影显示屏实现电力调度子系统对各被控站供电设备运行状态的监视。当被控站发生事故或预告警时，系统应发出音响报警，两者音响具有不同频率，此外还有灯光显示和打印记录。

3. 控制闭锁

系统具有控制闭锁功能。当现场供电设备故障时，引起相应开关跳闸，则此开关控制命令被自动闭锁。当现场某一供电开关设备处于合闸位置时，另一开关的控制命令可自动被闭锁。当现场供电开关设备接地刀闸接地时，操作员可在 LCD 主接线上开关符号处设置接地标志（应尽可能自动实现），用于闭锁本开关的控制功能。

4. 遥控试验

在 LCD 主接线画面上设置遥控试验按钮，各被控站远动分机内设有一个模拟试验开关。遥控试验操作过程与单控操作过程相同。

5. 遥测功能

对变电所主要电流、电压、功率、电度等电参数进行实时采集，并在监视器上通过窗口、曲线、棒图等方式动态显示。对变压器过负荷情况和出现时间，各种模拟电量的极值和出现时间进行统计，并对越限量报警。

6. 遥调功能

可对主变电站内有载调压变压器的调压开关进行调节，遥调结果在监视器主接线画面上显示。

7. 维修、事故抢修调度功能

采集设备异常或故障信号，及时通知运营维护部门进行事故抢修。

根据检修维护计划申请，结合行车组织和供电系统运行状况，编制供电设施的维护检修计划。

8. 数据处理功能

系统通过被控站主监控单元、通信通道接收上来的数据信息，经过各种算术及逻辑处理后，通过 LCD 显示及打印机打印出来。

9. 数据归档和统计报表功能

可分门别类保存操作信息、事故和报警信息的历史记录，以进行查询和故障分析；实现测量数据的日报、月报的统计报表。系统可根据调度人员的要求，建立各种档案报表，采用自动或手动方式录入数据。可进行定时和随时打印。

10. 用户画面显示功能

配置动态显示的供电系统图、监控系统图、变电所主接线、记录、报警、接触网供电分段示意图、程控等用户画面。

用户画面种类和要求：进入调度系统后自动显示地铁供电设施示意图。

系统构成图：包括调度所设备，被控站设备，通道等在内的整个系统的配置图。

供电系统图：显示供电系统环网接线。

被控站主接线和接触网线路图：显示被控站的主接线、接触网线路和设备的运行状态。

程控显示画面：在主接线图中用鼠标点中程控操作菜单后，将显示该站的程控项目窗口。

遥测曲线画面：显示两小时之内各遥测量（包括电流、电压、有功功率、无功功率）的趋势曲线。

电度量直方图：显示 24 小时之内的有功电度量和无功电度量。

日报报表：用表格的形式显示一天内的有功电度量和无功电度量及依此计算出的功率因数。报表能进行手动修改。

月报报表：用表格的形式显示一月内的有功电度量和无功电度量及依此计算出的功率因数。报表能进行手动修改。

年报报表：用表格的形式显示一年内的有功电度量和无功电度量及依此计算出的功率因数。报表能进行手动修改。

极值统计日报报表：以表格形式，显示出各模拟量当日出现的最大值和最小值（电压值）及出现的时间（可与"日报报表"合并设置）。

极值统计月报报表：以表格形式，显示出各模拟量当月出现的最大值和最小值（电压值）及出现的时间（可与"月报报表"合并设置）。

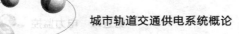

极值统计年报报表：以表格形式，显示出各模拟量当年出现的最大值和最小值（电压值）及出现的时间（可与"年报报表"合并设置）。

越/复限统计报表：以表格形式，显示出各模拟量当天越/复限出现的起始时间，结束时间及峰值。将存储两天的越/复限统计报表。

操作记录报表：以表格形式显示出调度员所进行的操作时间、结果。

事件记录报表：以表格形式显示出事件发生的时间、地点、事件内容和事件性质（紧急或非紧急）。

事件细目画面：用于事件发生后，调度员对事件进行处理。事件发生后画面显示事件发生的时间、地点、事件内容和事件性质（紧急或非紧急）。

11. 信息打印功能

所有操作、报表、报警信息均可根据需要在打印机上打印出来。

12. 培训功能

系统具有对操作人员、运行维护人员进行上岗培训功能，使其掌握电力监控系统的运行管理、操作以及日常维护、故障排除、替换故障元件等业务。

13. 指令功能

对各等级的运行管理人员进行口令级别设置，以确定管理人员的管理范围，管理人员在岗位交接班时用口令替换形式完成。口令级可分为调度员级、应用软件级（包括数据库）、系统软件级等。

调度员级：键入口令后，可进入遥控操作状态，进行调度管理工作。

应用软件级：键入口令后，可对应用软件实现在线编辑。

系统员级：键入口令后，可对系统程序进行编程和修改。

14. 软件的维护、修改、扩展功能

系统具有对应用软件维护修改功能，当数据库或用户画面由于某些原因发生数据变化或显示有误，维护人员应能调出数据库定义程序或画面编辑程序，对有关错误进行修改调整。

当系统需增扩一些对象时，维护操作人员可根据数据库及画面编辑原则，对系统进行扩容。

15. 系统应具有容错能力、自诊断、自恢复及在线修改功能

自检标志达到模块级。

16. 远方通讯功能

通过远方通讯接口实现远方用户对网络的访问，进而在远方对用户提供系统维护的功能。

二、电力监控系统复示终端功能

电力监控系统复示终端用于监视全线供电系统设备的运行情况，便于维修调度及时了解

现场设备运行情况，指挥供电系统的维修与抢修作业，提高处理事故效率，缩短停电时间。

电力监控系统复示终端设置供电设备台账，存储供电设备的运行参数和检修记录，掌握设备的工作状况，制定检修计划，降低供电系统的故障。

三、系统监控内容

电力监控的内容见表 5-1。

表 5-1　城轨交通供电系统各类变电所电力监控主要内容

	遥控	遥信	遥测	遥调
主变电所	110kV 断路器/电动隔离开关；变压器二次侧 35kV 断路器；35kV 母联、馈线断路器等；其他切换开关	遥控开关合/分位置；自动装置位置；远方/当地开关位置；进线检压信号；主变保护信号；馈线保护信号；所用电交/直流系统监测信号；设备自检信号；自动装置动作信号；主变抽头位置	110kV 电流/电压；110kV 主变有功功率/有功电度；110kV 功率因数；110kV 主变无功功率/无功电度；主变二次侧电流；35kV 母线电压；35kV 馈线电流	
牵引降压混合所	35kV 进线/出线、母联、馈线断路器；0.4kV 进线、母联、三级负荷总开关；1500V 直流电动隔离开关；1500V 直流快速断路器；接触网电动隔离开关；35kV 母联自投功能投/退；0.4kV 母联自投功能投/退	断路器保护动作、报警信号；框架泄露保护信号；断路器分、合状态；35kV 接地刀闸分、合状态；DC1500V 隔离开关分、合状态；整流变、整流器、动力变温度报警及跳闸信号；设备自检信号；钢轨电位限制装置状态信号；所用电交/直流系统监测信号	35kV 进/出线电流；35kV 母线电压；35kV 母联电流；整流/动力变压器一次侧电流/有功功率/有功电度；整流机组输出电流；1500V 直流母线电压；1500V 馈线电流；回流线电流；0.4kV 进线电流/母线电压/功率因数；直流辅助电源装置直流母线电压；钢轨对地电位；整流变、动力变各相温度	主变有载调压
降压变电所	35kV 进线/出线、母联、馈线断路器；0.4kV 进线、母联、三级负荷总开关；35kV 母联开关自投	遥控开关合/分位置；自动装置位置；远方/当地位置信号；母线检压信号；35kV 进线/出线保护信号；35kV 馈线保护信号；动力变保护信号；0.4kV 系统保护信号；设备自检信号；所用电交/直流系统监测信号	35kV 进/出线、母联电流；35kV 母线电压；动力变压器一次侧电流/有功功率/有功电度；0.4kV 进线电流/电压	

城市轨道交通供电系统概论

 复习思考 ▶▶▶

5-1. 电力监控系统由哪几部分组成？
5-2. 简述电力调度系统（主站）的设备及其功能。
5-3. 简述变电所综合自动化系统的设备结构与功能。
5-4. 简述电力监控系统的功能。
5-5. 简述地铁变电所电力监控的主要内容。

第六章
杂散电流

📝 问题导入 ▶▶▶

关于城市轨道交通系统中的杂散电流，有一个专门的技术规程：《地下铁道杂散电流腐蚀防护技术规程（CJJ—92）》，其重要性可见一斑。杂散电流是怎样产生的？杂散电流为什么会在直流牵引供电系统中产生危害？有什么危害？城市轨道交通在限制杂散电流产生、减轻杂散电流危害方面有哪些原则、措施和设备？本章从杂散电流的产生机理入手，扼要分析杂散电流的腐蚀原理、危害性，详细讲述了杂散电流腐蚀防护的具体措施、杂散电流监测的原理与设备、杂散电流排流的原则与设备等。

📖 学习要点 ▶▶▶

- 杂散电流形成的原因和特点。
- 杂散电流的腐蚀原理及其危害。
- 杂散电流防护的原则和措施。
- 杂散电流监测的内容和措施。
- 杂散电流监测系统（装置）工作原理。
- 排流柜结构及其工作原理。

第一节 ●●● 杂散电流的形成与危害

一、杂散电流的产生

地铁牵引变电所通过架空接触网（接触轨）向地铁沿线输送电能，电力机车通过其受电弓（集电靴）与架空接触网（接触轨）滑动接触而取得电能。电能驱动电力机车的牵引电机完成电能到动能的转换，然后经由与电力机车车轮相接触的走行轨道回流地铁牵引变电所。由于钢轨和大地难以做到完全绝缘，因此在回流过程中，牵引负荷电流并非全部沿电力机车的走行钢轨返回地铁牵引变电所，而是必定会有一部分电流在钢轨与大地绝缘较差的地方泄漏流入大地，迷失方向，有一部分会再沿大地流回钢轨回路，最后流回地铁牵引变电所。而有一部电流会永远留在大地中,形成地中电流。因此,杂散电流又称地中电流或者迷流。地铁杂散电流形成示意图如图6-1所示。I_F是地铁牵引变电所供给电力机车的牵引负荷电流,I_H是以列车走行钢轨为回流通路的回流电流,I_Z为大地中的迷失电流即杂散电流。

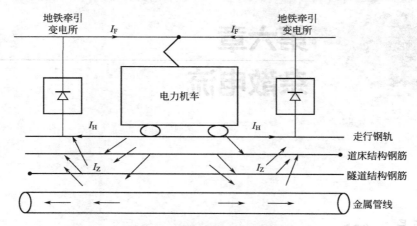

图6-1 地铁杂散电流形成示意图

二、杂散电流的腐蚀原理

图6-2为地铁杂散电流腐蚀原理图。

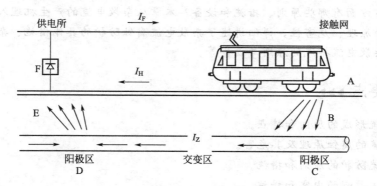

图6-2 地铁杂散电流腐蚀原理图

1. 腐蚀过程

地铁直流牵引供电方式所形成的迷流及其腐蚀部位如图6-2所示。图中的I_F为牵引电流,I_H、I_Z分别为走行轨回流和泄漏的杂散电流。由图可知,地铁杂散电流(迷流)所经过的路径可概括为两个串联的腐蚀电池。

电池Ⅰ:A钢轨(阳极区)→B道床、土壤→C金属管线(阴极区)。

电池Ⅱ:D金属管线(阳极区)→E土壤、道床→F钢轨(阴极区)。

当杂散电流由图6-2中两个阳极区[钢轨(A)和金属管线(D)]部位流出时,该部位的金属铁(Fe)便与其周围的电解质发生阳极过程的电解作用,此处的金属随即遭到腐蚀。这种腐蚀的过程,实际可能发生两种氧化还原反应:当金属铁(Fe)周围的介质是酸性电解质,即pH<7时,发生的氧化还原反应是析氢腐蚀;当金属铁(Fe)周围的介质是碱性电解质,即pH≥7时,发生的氧化还原反应为吸氧腐蚀。

在析氢腐蚀时，腐蚀的化学反应方程式如下：

阳极：$2Fe \rightleftharpoons 2Fe^{2+} + 4e^-$；

阴极：$4H^+ + 4e^- \rightleftharpoons 2H_2 \uparrow$　　　（无氧的酸性环境）；

　　　$4H_2O + 4e^- \rightleftharpoons 4OH^- + 2H_2 \uparrow$（无氧环境）。

在吸氧腐蚀时，腐蚀的化学反应方程式如下：

阳极：$2Fe \rightleftharpoons 2Fe^{2+} + 4e^-$；

阴极：$O_2 + 2H_2O + 4e^- \rightleftharpoons 4OH^-$　（有氧的碱性环境）。

上述两种腐蚀反应通常生成$Fe(OH)_2$，而在钢筋表面或介质中析出，部分还可以进一步被氧化形成$Fe(OH)_3$。生成的$Fe(OH)_2$继续被介质中的O_2氧化成棕色的$Fe_2O_3 \cdot 2xH_2O$（红锈的主要成分），而$Fe(OH)_3$可进一步生成Fe_3O_4（黑锈的主要成分）。

2. 腐蚀特点

杂散电流腐蚀一般腐蚀激烈、集中于局部位置；当有防腐层时，又往往集中于防腐层的缺陷部位。杂散电流腐蚀和自然腐蚀有较大的差异，具体见表 6-1 所示。

表 6-1　杂散电流腐蚀和自然腐蚀的差异

项目		自然腐蚀	杂散电流腐蚀
钢铁	外观	孔蚀倾向较小，有黄色或黑色的质地较疏松的锈层，创面边缘不整齐，清除腐蚀产物后创面较粗糙	孔蚀倾向大，创面光滑，有时是金属光泽，边缘较整齐，腐蚀产物似炭黑色细粉状，有水分存在时，可明显观察到电解迹象
钢铁	环境	几乎在土壤中均可发生	一般土壤电阻率大于$10000\Omega \cdot cm$环境下，腐蚀较困难
铅	外观	腐蚀均匀，有空洞时亦表现浅皿状，腐蚀物为不透明的粉状物	空洞内面粗糙，创面呈壕状，长行分布不匀或沿电缆呈一直线分布，腐蚀物为透明的或白色的结晶物
铅	环境	水的pH值一般在6.8～8.5范围之外，氯化物浓度大	地下水为中性，普遍会有氯化物、碳酸盐、硫酸盐

三、杂散电流的危害

结合目前国内地铁运营的现状，由地铁杂散电流造成的危害主要有以下四个方面。

1. 钢筋混凝土金属结构物、埋地金属管线的腐蚀

泄漏向大地的地铁杂散电流主要是对地表高层建筑深埋在地下结构钢筋、地铁系统隧道和车站的主体金属结构钢筋、城市自来水、煤气及石油的输送金属管线造成很大程度的危害。这些管线中的铸铁管由于表面涂了涂料或者油漆、沥青等高强度绝缘防护层，抗腐蚀能力较强，但对于无法涂防护层的钢管和金属结构钢筋腐蚀就十分严重，如上海地铁2号线沿世纪大道下的DN300钢管从2000年开通运营到2010年已经发生十多次的腐蚀泄漏事故。而浦东这一地区有大量的天然气输气管道，地铁杂散电流对输气管道的腐蚀不仅对燃气公司的正常供求产生负面影响，还对周围的大气环境造成了严重的污染。

杂散电流对于混凝土结构本身不会发生腐蚀，但对其中的钢筋腐蚀作用很大，因为钢筋处于阳极。如果存在地下结构钢筋与走行钢轨相接触的地方，这会加剧对结构钢筋和走行轨道的腐蚀，而这些地下混凝土结构钢筋一旦遭受腐蚀，将使得整个隧道混凝土结构及车站主体结构寿命下降，而且这些混凝土结构中的钢筋在地铁开通运营后几乎无法更换，结果会使得整条地铁线路无法正常运营。

2. 钢轨及其附件的腐蚀

地铁运营系统的钢轨及钢轨的一些附件存在很严重的腐蚀。特别是钉入道床的道钉,一方面这些地方很难做到很好的绝缘,经常发生杂散电流腐蚀,另一方面由于钢钉钉入地下腐蚀状态很难发现。

3. 框架泄漏保护的误动作

若钢轨(走行轨)局部或整体对地的绝缘变差,则此钢轨(走行轨)对大地的泄漏电流增大,地下杂散电流增大,这时有可能引起牵引变电所的框架保护动作。而框架保护动作,则整个牵引变电所的断路器会跳闸,全所失电,同时还会联跳相邻牵引变电所对应的馈线断路器,从而造成较大范围的停电事故,影响地铁的正常运营。

4. 钢轨限位装置的误动作

地铁运行时,当地铁车辆停靠在站台,乘客上下车辆的时候,乘客一脚在接地的站台,而另一脚在地铁车辆,地铁车辆通过车轮与走行钢轨相接触,若钢轨电位过高,则乘客两脚之间形成电位差,危及乘客的生命安全。因此,为了限制走行轨道出现不明原因的电位升高,设置了钢轨电位限制装置。但杂散电流引起的钢轨电位升高将使钢轨电位限制装置经常性出现误动作。根据 2009 年北京地铁公司对北京地铁 5 号线一个地下车站运行十个月的统计,这个变电所装设的钢轨电位限制装置总共误动作 1700 余次。钢轨电位限制装置误动作将使得牵引变电所负极直接接地,这样一来,使得原本设置在车站附近作为保护人身安全的钢轨电位限制装置经常作为排流柜使用,降低了钢轨电位限制装置的使用寿命。

第二节 杂散电流防护、监测与排流

一、地铁线路防止杂散电流腐蚀的措施

地铁线路杂散电流的防护是一项系统工程,杂散电流防护系统坚持"以堵为主、以排为辅、堵排结合、加强监测"的原则,采取系列防护措施,合理采用先进的技术手段,使综合防治效果达到现行国内和国际有关标准的要求。

① 堵。让回流轨中的电流全部流回牵引变电所的负极,而不能向地下泄漏,即在回流轨与地之间采取有效的绝缘;控制和减小杂散电流产生的根源,隔离所有可能的杂散电流泄漏途径,俗称"堵";

② 测。通过与排流网电气连接的测防端子和走行轨来监测杂散电流大小,以便超标时及时采取措施,俗称"测";

③ 排。将回流轨中部分向外泄漏的电流,以某种渠道将其引回变电所的负极,即设置合理的排流网结构,为杂散电流提供一条畅通的低阻通路,俗称"排"。

在直流牵引供电系统中,对杂散电流的防护原则是:寓防于"测",以"堵"为主,"堵"、"排"结合。若"堵"未处理好,那么"排"与"测"仅是无奈之举;而在先期的防护措施逐渐失效造成大量杂散电流时,"测"和"排"又起着关键作用。

正因如此,首先应采取能从源头上根本控制和减小杂散电流,即"堵"的方法。

1. "堵"——源控制法

根据实践经验和杂散电流的估算公式：杂散电流值与用电列车和供电牵引变电所的距离的平方成正比；与回流走行轨的纵向电阻成正比；与牵引电流成正比；与轨道对结构钢的过渡电阻成反比。

(1) 提高牵引网压

目前我国地铁牵引供电系统中，供电电压主要有 750V 和 1500V，采用 1500V 电压牵引供电就比采用 750V 电压牵引供电产生的杂散电流小。

(2) 合理设置变电所

杂散电流值和列车取流距离（列车和供电牵引变电所的距离）的平方成正比，因此牵引变电所设置距离不宜过长，美国波特兰轻轨系统变电所之间的平均距离减少到了 1.8km，这是现代轻轨系统中最短的距离。

(3) 回流走行轨降阻

走行轨电阻较大时，回流电流在其上流过时产生的电压降也大，使钢轨对地的电位差也增大，从而增加了泄漏的杂散电流，为此必须设法降低走行轨的电阻值。

降低走行轨电阻值的具体措施包括：在防护设计中选用电阻率低的材料，增大钢轨横截面积，将短钢轨焊接成长钢轨，其接头之间的电阻值应低于长为 5m 的回流轨的电阻值。美国波特兰轻轨系统采取的办法是使用规格为 54kg 的工字钢轨，从而增大了其横截面积，而且使用了连续焊接的钢轨，从根本上消除了钢轨接头引起的纵向电阻。

现在一般利用长轨（$L>100m$）和加设电缆（一般使用铜芯绝缘线）的方法连接两段回流轨来减小轨道接缝电阻，焊接至钢轨的电缆或铜芯绝缘线的电阻应满足接头标准电阻的范围，满足牵引电流通过时温升的要求，焊至钢轨铜芯绝缘线散热性好，可长时间通过大电流，其工作是稳定、可靠的；走行轨和道床之间应采用点支撑敷设，减少钢轨与道床的接触面；可在正线区间相隔 400～500m 设铜芯绝缘均流线（必要时设置加强线）与牵引变电所负极相连来降低回流通路电阻，为杂散电流提供一条低电阻通路，以达到最大限度地减少杂散电流的目的。

(4) 回流走行轨采用绝缘安装

走行轨绝缘的性能的好坏，也就是轨地过渡电阻值的大小是决定杂散电流大小的最主要原因。因此，钢轨与轨枕之间采用绝缘连接，对整体道床也要采取相应措施。

① 钢轨与轨枕之间的绝缘措施

《地下铁道杂散电流腐蚀防护技术规程（CJJ—92）》（以下简称《规程》）规定：新建线路的走行轨与区间隧道主体结构之间的过渡电阻值不应小于 15Ω/km，对于运行线路不应小于 3Ω/km。走行轨与混凝土轨枕之间、紧固螺栓与混凝土轨枕之间、扣件与混凝土轨枕之间以及钢轨与扣件之间均要加强绝缘措施。钢轨与扣件之间的绝缘体长、宽要达到一定要求，使每公里走行轨对杂散电流收集网的泄漏电阻值大于 10Ω。轨道固定道钉应采用高强度玻璃钢绝缘套管，其绝缘电阻大于 4MΩ。

普通绝缘轨枕的钢轨和轨枕连接示意如图 6-3 所示，绝缘轨垫使钢轨与带绝缘套管的 U 型弹条之间绝缘，橡胶垫板使钢轨与铁垫板之间绝缘，螺纹道钉玻璃管底部由一橡胶塞堵住，在新建线路中，这些措施能较好满足钢轨与轨枕绝缘连接的要求，因而得到广泛应用。

一条新建成的城市轨道交通线路，在运行一段时间之后，轨道绝缘会在不同程度上遭受潮湿、漏水、油污、导电粉尘和受力破坏等侵袭，使原来良好的轨与主体结构的绝缘程度降

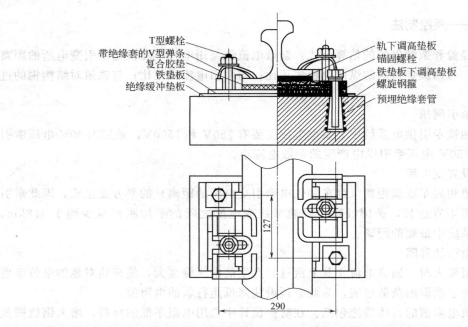

图 6-3　普通绝缘轨枕的钢轨与轨枕连接平剖面图

低、老化或失效。为此可采用带绝缘靴套的新型轨绝缘方案，如图 6-4 所示。该方案用绝缘靴套将钢轨完全与轨枕隔离，可完全杜绝杂散电流的产生，弥补了图 6-3 方案的不足，从源头上对杂散电流进行了良好的控制。绝缘靴套若有损坏，更换起来亦比较方便。

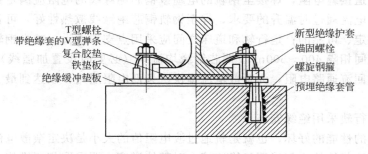

图 6-4　带绝缘靴套的绝缘轨枕

另外，为防止因导电粉尘和潮湿混凝土轨枕形成的杂散电流通路对主体结构造成危害，亦可采用带整体玻璃钢（或其他绝缘材料）衬套的新一代绝缘轨枕，如图 6-5 所示。

② 道床杂散电流防护

关于道床杂散电流防护，《规程》规定：道床混凝土厚度不应小于 400mm，同时钢轨下部与道床之间的间隙不应小于 30mm。

地铁道床形式有浮动道床、整体道床、道碴道床三种。在杂散电流防护中，道床内钢筋的设计是杂散电流的第一道防线，也作为收集和排流的通道。

浮动道床用于减少环境噪音，由预制形成，内部钢筋已全部焊接，并在两侧引出端子（施工后用电缆将端子连接），浮动道床下有绝缘橡胶垫，对杂散电流有很好的防护作用，所以浮动道床不需特殊防护要求。

整体道床用于区间隧道内，整体道床的设计需考虑地震影响设沉降缝，对于明挖隧道其

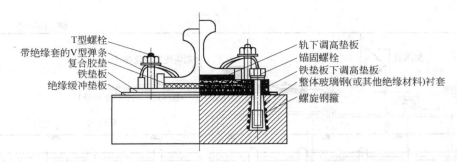

图 6-5 带整体玻璃钢（或其他绝缘材料）衬套的绝缘轨枕

内部结构钢筋在沉降缝处需断开，为了使道床钢筋起到杂散电流收集网的作用，要求在沉降缝处引出道床钢筋连接端子，以便用电缆将沉降缝两侧道床结构段钢筋进行电气连接。在明挖区间隧道，要求整体道床的沉降缝与明挖区间隧道的伸缩缝在同一公里内，既有利于减少地震力对钢筋的作用，又有利于测量。两种缝在同一位置意味着隧道钢筋测防端子与道床钢筋测防端子在一起，在这一地点隧道壁安装参考电极可方便地测量两种钢筋电位。矿山法隧道及盾构区间隧道的整体道床也需设沉降缝，但沉降缝两端钢筋不断，为了测量方便，同样要求与矿山法的伸缩缝在同一公里内，由于道床钢筋不断开，只要求取一侧测防端子即可。混凝土整体道床下应敷设绝缘膜或涂抹环氧树脂。

道碴道床位于隧道外，由于道碴有较好绝缘性，在加强清除垃圾杂物外，不作特殊要求。采用道碴道床时，应首选经过绝缘防腐剂处理过的木枕。

2. "排"——排流法

对于新建城市轨道直流牵引供电工程，可采用各种防护措施，使回流轨对地绝缘完好，不产生杂散电流或仅产生极微的杂散电流是容易做到的。但随着运行时间的推移，回流轨与绝缘扣件之间、回流轨与道床之间的绝缘垫受空气和灰尘的污染，以及绝缘受到破坏就会产生大量的泄漏电流。因此，工程建设前期在设计中应考虑设置合理有效的防排流网装置，将回流轨中向地下泄漏的电流引回牵引变电所的负极。

地铁排流网由混凝土整体道床内的杂散电流收集钢筋网和主体结构钢筋网组成。如图 6-6 所示。

(1) 道床内杂散电流收集网

除枕木穿孔固定用的钢筋外，在枕木以下的混凝土整体道床内，应设置杂散电流收集钢筋网。目的在于收集由走行轨泄漏出的杂散电流，并由此将杂散电流排流回到牵引变电所的负极，防止杂散电流流向区间隧道混凝土结构中的钢筋和其他金属导体。

根据 VDE 0150 标准，受杂散电流影响的埋地金属结构可允许的电位偏移应在某一允许值范围内，VDE 0150 标准规定为 0.1V。而在实际使用时，一般认为，运行高峰期间的数值，平均每小时不应超过 0.1V。

(2) 主体结构排流网

区间隧道混凝土主体结构中应具有性能良好的防水层，衬砌混凝土应具有较高的电阻率和低透水性。结构钢筋应采用连续性焊接，区间隧道变形缝处应焊接引出主体结构钢筋，同时在此处设置杂散电流测防端子，并用钢筋将变形缝处两端的端子连接在一起，为采取排流措施做准备。

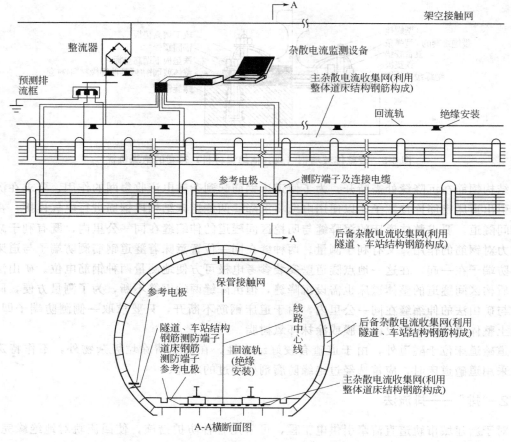

图 6-6 工程杂散电流防护示意图

运营线路排流网和车场排流网分开敷设。杂散电流收集网与主体结构钢筋绝对不能相连，杂散电流收集网在每个有牵引变电所车站的两个端头井处，设置外引排流引接线的预埋端子。没有变电所的车站应在每个车站的两个端头井内设外引测量用的端子，端子位置设在区间隧道内侧，即站台侧。

牵引变电所内接地装置与建筑主体钢结构之间必须完全绝缘，决不允许有电气连接。变电站及沿线所有电气设备的外壳与钢结构及地应做绝缘处理。地表和高架桥上的金属设备外壳、各种管线、结构钢筋与回流轨之间不允许有电气连接，要完全绝缘。

二、杂散电流监测原理

1. 极化电压的正向偏移平均值的测量

杂散电流难以直接测量，通常利用结构钢极化电压的测量（见《地铁杂散电流腐蚀防护技术规程（CJJ49-92）》第 25 页"四、对地铁建筑与结构的腐蚀状态及防蚀措施效果监测"）来判断结构钢筋是否受到杂散电流的腐蚀作用。极化电压的正向偏移平均值不应超过 0.5V［见《地铁杂散电流腐蚀防护技术规程（CJJ49-92）》第 4 页］，一般电化学腐蚀测量管地电位的标准方法见图 6-7。

此方法在电化学腐蚀测量中称为近参比法。目的是为了更精确地测得埋地金属结构管/

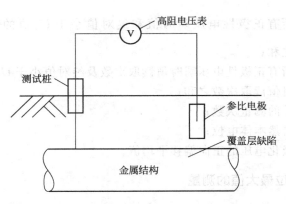

图 6-7 测量管地电位的标准测量方法

地电位,尽可能减少土壤电阻压降成分,将参比电极尽量靠近被测金属表面。此法的测量要点是把参比电极(通常用长效铜/硫酸铜电极)尽量靠近被测构筑物表面,如果被测表面带有良好的覆盖层,参比电极对应处应是覆盖层的露铁点。

地铁系统中埋地金属结构对地电位的测量方法采用如上所述的近参比法,需要使用长效参比电极作为测量传感器,在没有杂散电流扰动的情况下,测量的电位分布呈现一稳定值,此稳定电位我们称之为自然本体电位 U_0,当存在杂散电流扰动的情况下,测量电位出现偏离自然本体电位 U_0 的情况,所测电位为 U_1,其偏移值为 ΔU。一般情况下,我们将测量电压为正的称为正极性电压,测量电压为负称为负极性电压。图 6-8 给出了埋地金属结构对地电位测量曲线的一个实例。

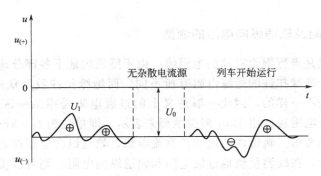

图 6-8 埋地金属结构对地电位的测量曲线

埋地金属结构受杂散电流干扰的影响,其对地电位,也就是相对于参比电极的电压会偏离自然本体电位。在杂散电流流入金属结构的部位,金属结构呈现阴极,此部位的电位会向负向偏离 U_0,如图 6-8 的⊖区域,金属该部位不受杂散电流腐蚀。在杂散电流流出金属结构的部位,金属结构呈现阳极,此部位的电位会向正向偏离 U_0,如图 6-8 的⊕区域,金属该部位受到杂散电流腐蚀影响。

腐蚀是一个长期作用的结果,而瞬间杂散电流的变化是杂乱无序的,测量瞬间金属结构对参比电极的电压不能直接反映测量点杂散电流的腐蚀情况,所以应该测量计算在一定时间内偏移自然本体电位 U_0 的正向平均值,规程规定的测量时间为半小时,其计算公式为

$$U_{a(+)} = \sum_{i=1}^{p} U_{i(+)}/n - U_0 \tag{6-1}$$

式中 $\sum_{i=1}^{p} U_{i(+)}$ ——所有正极性电压瞬时值和绝对值小于 U_0 值的负极性电压各瞬时值之和；

p ——所有正极性电压瞬时值读取次数及绝对值小于 U_0 值的负极性电压各瞬时值读取次数之和；

n ——总的测量次数；

U_0 ——自然本体电位；

$U_{a(+)}$ ——极化电压的正向偏移平均值。

2. 半小时轨道电位最大值的测量

地铁系统杂散电流的泄漏受轨道电位的影响很大，所以轨道电位的测量监测也是非常重要的。轨道电位严格意义上表示以无限远大地为基准，而钢轨电位测量以无限远的大地是很难实现的，在测量中以钢轨对埋地金属结构的电压来代表轨道电位。由于轨道电位的瞬时值变化很大，实际测量过程中其监测和计算的参数为半小时测量时间内的最大值 V_{max}，即半小时轨道电位的最大值。

3. 自然本体电位 U_0 的测量

自然本体电位 U_0 是一个非常重要的测量参数，而我们探讨的测量方法最终要实现自动在线测量，所以测量装置本身应该能够测量 U_0，地铁的运营特点一般是早 5 时到夜里 12 时，夜间 12 点以后列车完全停止运营，在列车停止运行 2 小时后，可以进行自然本体电位 U_0 的自动测量。

4. 轨地过渡电阻及轨道纵向电阻的测量

轨地过渡电阻就是走行钢轨对地的电阻值，由于隧道内地下各部分地质结构不同，走行轨与道床之间的各个绝缘扣件的绝缘电阻有所不同，而绝缘扣件数量众多（几万个），隧道内各点的绝缘电阻是不一样的，因此一般意义上的过渡电阻是指某一区间段（一个供电区间）的平均值，过渡电阻通常用 1km 多少欧姆来表示，即单位为 $\Omega \cdot km$。所以在测量过渡电阻时按均匀分布来考虑。轨道内通过的是直流电流，轨道纵向电阻按直流阻抗来考虑。如果在列车正常运行时，在线测量轨地过渡电阻和轨道纵向电阻，则可以实时预测造成杂散电流泄漏的原因，提供采取防止措施的依据，防止杂散电流腐蚀造成的严重危害。

三、地铁杂散电流监测系统

1. 杂散电流监测系统结构

某地铁线路的杂散电流监测系统构成原理如图 6-9 所示。主要监测整体道床排流网的极化电位、本体电位，隧道侧壁结构钢的极化电位、本体电位，监测点的轨道电位等。整个系统为一分布式计算机监测系统。传感器是一个以单片机为核心的数据采集处理系统，可以实时采集处理测量点排流网和结构钢的自然本体电位 U_0，正向平均值 $U_{a(+)}$，半小时内的轨道电压最大值 V_{max}，并把采集运算得到的参数送入指定的内存存储起来。转接器向各个传感器要监测数据。上位机与转接器连接，把所有监测点监测和计算的有关杂散电流的信息参数以数据库的形式存入计算机，上位机软件具有查询、统计和预测功能，在上位机上可以实

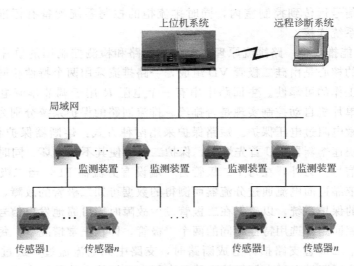

图 6-9 地铁杂散电流监测系统构成原理图

时查询到地铁沿线杂散电流腐蚀的防护情况。

2. 使用杂散电流监测系统需注意的几个问题

（1）数据查阅

数据操作时，首先执行查阅月报表，查阅某月各测试点当月极值，从分布曲线图中，看各点当月的极化电压极值是否有超过危险值，如果没有超限值，则本月内整个系统杂散电流都处于安全状态，整个系统的结构钢没有较大腐蚀。如果有超限值，应该查看杂散电流超限列表，确定是哪个传感器测量值超限，同时查看杂散电流某月各点每日极值分布图，确定超限点具体发生在哪几天。根据上述查询，可以确定处于杂散电流腐蚀状态哪一点，哪一天；知道哪一天，可执行查阅日报表，看看具体发生在哪一时间段，分析原因，采取相应的处理措施。

（2）传感器故障问题

如果某一传感器停电，此传感器无法正常工作，上位计算机要不到此传感器的采集数据，则在上位机的故障查询中显示传感器故障。如果某一智能转接器停电，则所带的传感器全部显示故障。

（3）程序死机

如果上位机出现程序死机，复位重新运行。

四、排流柜

智能排流柜是为地铁减少杂散电流造成的金属结构电化学腐蚀而设计的专用设备。它采用极性排流的原理，即只有当需排流的金属结构相对于钢轨的负母线电位为正时，才有电流通过，把轨道上泄漏到金属结构上的杂散电流直接排到钢轨的负母线上，从而减少杂散电流的腐蚀。

排流柜主回路的核心元件为硅二极管，利用二极管正向导通反向截止的特性，实现了杂散电流的极性排流。除了主回路外，排流柜另配有保护和检测电路，检测回路由一单片机控制系统来控制，可以采集排流柜的工作电压和工作电流以及主回路的故障状态，实时检测排流柜的工作状态以及各个主器件的工作情况，在控制器面板上显示，并通过远程故障输出系统把故障的触点信号远传到控制室内,同时排流柜的控制系统配备有标准的RS485接口,可以与其他监控系统连接。

图6-10为智能排流柜一路排流原理图,由主回路和检测控制用的单片机控制系统两部分组成。主回路的核心是由硅二极管VD组成,一路排流采用两个特性相同的二极管并联而成,保证排流柜工作的可靠性。主回路中串有一个电阻R用于调节排流电流大小。开关K可以人工或通过单片机自动控制实现是否排流。排流回路的保护系统分别为短路保护、断路保护、阻容及压敏电阻过电压保护。短路保护采用两种方式:熔断器保护和反向电压保护,当出现短路时,快速熔断器FU首先熔断,保护二极管使其不受损坏,同时通过熔断器本身所带的接点发出信号;另外,在每个二极管另一端设有分流器FL,当二极管击穿而快速熔断器未熔断时,依靠逆向电流通过分流器而测得的数据可知二极管的故障,此保护与熔断器保护形成了可靠的保护系统,以确保在二极管发生故障时能可靠地发出信号。断路保护的原理是:在每个排流回路都选用特性相同的两个二极管,即在正常情况下,每个二极管都有电流流过。如果某个二极管支路损坏造成断路时,支路中无电流流过,通过分流器来找出故障。另外每个排流回路具有过电压保护电路,在每个二极管支路并一个RC回路,以抑制过电压,在RC支路上并联一压敏电阻,当二极管两端电压超过其阀值时,压敏电阻将二极管自动旁路,以防止二极管损坏,当电压恢复时,压敏电阻恢复正常。

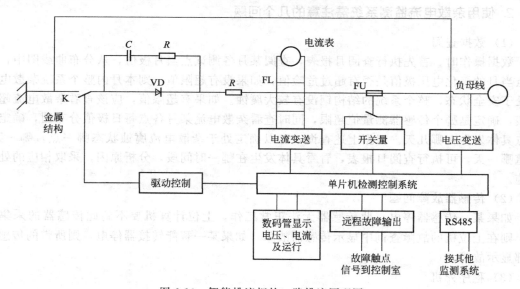

图6-10 智能排流柜的一路排流原理图

排流柜主回路的工作状态以及短路和断路的故障检测由单片机检测控制系统来完成。由电流变送电路、电压变送电路和开关量变送电路构成输入检测电路,把排流电流及电压转换为数字量送入存储器存储,并实时检测快速熔断器的开关状态,单片机控制系统自身带有数码管和发光二极管显示被测电流和电压及工作状态。同时,单片机控制系统可以测量每路杂散电流排流量的大小,可以通过键盘设置每路排流的极限值并设置极限的排流时间,当某一路排流回路的排流电流或排流时间大于设置极限值时,可以发出报警信号,表示此排流回路的金属结构杂散电流的泄漏已严重超标,应仔细检查原因。单片机检测控制系统带有远程故障输出电路和标准RS485接口电路,可以把排流柜的短路故障、断路故障以及排流杂散电流过限故障信号远传到控制室内,也可以与其他的监控系统连接。

复习思考

6-1. 城市轨道交通供电系统杂散电流形成的原因是什么、有何危害？
6-2. 简述杂散电流监测的内容和措施。
6-3. 根据给出的杂散电流监测系统原理框图分析其工作原理。
6-4. 根据给出的排流柜一路排流原理图分析其工作原理。
6-5. 简述城市轨道交通供电系统杂散电流防护的原则与措施。

阅读材料

在地铁设计、施工中，杂散电流防护对相关专业有哪些要求？

1. 供电专业

杂散电流是在地铁直流供电系统中产生的，因此要从源头抓起，供电专业就必须采取一定措施，尽量减少地铁杂散电流的泄露。供电专业可以采取以下措施：

（1）必须保证地铁正线的牵引供电系统无论是在正常运营还是非正常运行时，都应该能满足双边供电或者大双边供电；

（2）通过严格的计算和合理的规划，合理设置牵引变电所的位置，使得地铁车辆在运行过程中每一处的杂散电流都能减小到最小值；

（3）降低走行轨道相对大地的绝缘电阻，供电区间内每隔400m左右距离上下行走行轨道之间设置均流线，且要求均流线绝缘线截面不小于$4\times150mm^2$，在有牵引变电所的车站，出站端走行轨通过回流箱接至牵变所负极柜，另一端上下行走行轨之间设置均流线，无牵变所的车站，一段设均流线，另一端上下行走行轨通过电缆接至均流箱，然后接到降压变电所的钢轨限位装置；

（4）隧道内金属设备的外壳、隧道结构钢筋、各种金属管线不能与走行轨有直接的电气连接；

（5）车辆段内应该单独设置牵引变电所，在正常运行时，其牵引网与正线牵引网设置分段绝缘器实现绝缘分离；

（6）在车站，停车场安装钢轨限位装置；

（7）车辆段线路与正线线路间，停车库、检修库等电化库库内线路与库外线路的钢轨间设置绝缘轨缝，并根据实际情况设置单向导通装置。为保证人身安全，各电化检修库房屋的金属构件要构成电气连接并接地；

（8）车辆段内应根据接触网供电分段情况设置牵引回流回路。

2. 轨道专业

（1）走行轨一般都将标准长度的短轨焊接成为长度大于100m的长轨，相邻走行轨之间均采用可靠的铜引线连接，连接面积不小于$2\times150mm^2$；

（2）固定轨道的螺钉采用绝缘性能较好的材质，如玻璃钢套管材质等，要保证每个螺钉的电阻值小于$4M\Omega$；

（3）在隧道内，保证走行轨道相对的大地的绝缘电阻值在$15\Omega\cdot km$以上；

（4）钢轨轨枕一般采用PU轨枕，这种轨枕强度高、绝缘性能好、抗辐射、耐老化；

（5）走行轨采用点支撑，混凝土垫块应高于整体道床，轨道下面和道床之间留有30mm的间隙；

（6）由于道床的绝缘性能与杂散电流的大小有着直接的关系，因此在施工设计中，应保持道床的干燥，排水沟设置在轨道的一侧，尽量不要换侧设置，并在沟内涂防水材料，以防渗水。在线路纵向断面和道床设计中，还应从结构上保证道床表面不能有积水，线路断面设置合理的排水系统，防止钢轨扣件受污而增加泄漏杂散电流；

（7）在以下地点设置绝缘轨缝：尽头线每条轨道的车挡装置与电化股道的钢轨间应设置绝缘轨缝，电化股道与非电化股道的钢轨间应设置绝缘轨缝，地面线路与地下线路的钢轨间应设置绝缘轨缝，车辆段线路与正线线路的钢轨间应设置绝缘轨缝，地铁线路与国铁线路的钢轨间应设置绝缘轨缝；

（8）道岔采用绝缘扣件，道岔转辙装置的控制电缆的金属外销装与道岔本体之间应具有绝缘措施。

3．主体结构

（1）对于隧道结构内横向的主体钢筋和纵向分布的钢筋进行良好的焊接；

（2）对于车站结构、隧道，应该具有良好性能的防水层，采用防水混凝土浇筑；

（3）在变形缝两侧应该焊接预埋钢块，以便于杂散电流防护；

（4）盾构区间的结构钢筋应采用绝缘法进行杂散电流的防护，相邻盾构管片钢筋步进行电气连接，盾构管片之间进行绝缘处理，管片间防水材料应具有良好的电气绝缘性能。

4．给排水及通风空调专业

（1）金属管线与钢轨不得有电气连接；

（2）由隧道通向地面的金属管线均应进行绝缘处理，所有通向地铁外部和由隧道通向地面的金属管线，必须装有绝缘法兰（或2～3m的绝缘短管）和绝缘接头，且应设在干燥和易观察、检查的位置；

（3）设计时尽量避免给排水管横向穿越道床，若给排水管必须横穿道床时宜采用绝缘管。若采用金属管道，金属管道表面应进行加绝缘层处理，金属管道应尽量和道床垂直，安装在易观察、检查的位置，便于维护；

（4）敷设在道床表面的各种金属管线，应利用素混凝土墩支撑，管线与混凝土墩之间必须进行绝缘处理；

（5）其他设备安装时应尽量与安装处的结构钢筋绝缘，且应与接地系统连接。

5．通信专业

（1）沿线的通信设备外壳、电缆屏蔽层、电话支撑架等不应与道床结构钢筋和钢轨有任何电气连接；

（2）沿线的电话箱外壳、墙壁电话支撑架、电缆支架等应与安装处的结构钢筋绝缘，且应与接地扁钢（或自做接地极）连接，与上述设备连接的电缆采用绝缘护套电缆。

6．信号专业

（1）沿线的信号设备外壳、电缆屏蔽层、信号灯支撑架等不应与道床结构钢筋和钢轨有任何电气连接；

（2）沿线的信号设备外壳、信号灯支撑架、电缆支架等应与安装处的结构钢筋绝缘，且应与接地扁钢（或自做接地极）连接，与上述设备连接的电缆采用绝缘护套电缆；

（3）信号专业在设计信号系统时，还应考虑以下因素：在车站两端（有牵引变电所的车站，在远离牵引变电所的另一端）和区间适当位置的上、下行钢轨间设有均流电缆，此均流电缆需与上、下行钢轨焊接，在设有单向导通装置的绝缘轨缝两端的钢轨要与电缆焊接，此电缆连接到单向导通装置。

7．屏蔽门专业

站台设置屏蔽门时,屏蔽门应绝缘法安装,并与走行钢轨有可靠的电气连接。沿站台边缘应设 2m 宽的绝缘层,其设计耐压水平不小于 DC150V,短时冲击耐压水平为 AC1000V(1min)。

8. 车辆段各相关专业

(1) 为保证人身安全,车辆段内的检修库、静调库及月检库等的钢轨和房屋金属构件应接地;车辆段内的其余钢轨应加强对地的绝缘,可采用点支承绝缘扣件。当采用木枕时,木枕必须先用绝缘防腐剂进行处理,枕木的端面和螺纹钉孔,必须经过绝缘处理或设置专门的绝缘层;

(2) 车辆段线路与正线线路、电化线路与非电化线路、地铁线路与国铁线路的钢轨间以及各电化库线入口处的钢轨均应设置绝缘轨缝;

(3) 为减少牵引回流回路电阻,车辆段内钢轨宜采用焊接长钢轨;

(4) 车辆段内的金属管线与钢轨不应有电气连接,电气配线尽量采用绝缘管或绝缘安装措施,金属管线应进行防杂散电流腐蚀的涂复和加强绝缘处理,并用电缆和接地母排相连,敷设在道床表面的各种金属管线,应利用素混凝土墩支撑,管线与混凝土墩之间必须进行绝缘处理;

(5) 车辆段内与走行钢轨平行埋地敷设的金属管线与走行钢轨保持 3~5m 的距离,如与走行钢轨交叉敷设在轨道下面时,交叉角度应尽量为直角;

(6) 车辆段内的给排水管道宜采用绝缘性能好、符合城市生活用水标准的塑料管,与城市管网在电气上进行隔离;

(7) 车辆段内的电缆应采用塑料护套型电缆,电缆中间连接要做好对外绝缘处理,电缆外恺装只能单端接地,与走行钢轨并行敷设的电缆应敷设在专用电缆沟内的电缆支架上,电缆沟应排水通畅、不积水。

在地铁运营中,杂散电流防护对相关专业有哪些要求?

地铁施工中要求施工单位必须严格按照设计单位各专业的要求施工,完成地铁杂散电流前期防护,但在日后的地铁运营和维护过程中,因灰尘、铁屑、油污、积水、列车闸瓦等杂质会使得绝缘子污秽,导致道床相对大地的绝缘程度下降,这样就会使得地铁系统向大地泄露的杂散电流增大。因此,在日常运营中,应从以下几个方面来维护地铁安全运行。

1. 在地铁运量较大的时间段内,选取某一个高峰小时采集地铁杂散电流监测系统监测到的道床架构钢筋极化电压和车站主体结构钢筋相对大地的电位差参数,求取平均值,然后对照规程(CJJ49-42)规定值 0.5V,如果检测到的电位平均值超过规定值,则表面该区段的杂散电流超过标准值,该区段的结构钢筋可能存在杂散电流腐蚀,应该进一步测试该区段结构钢筋相对大地的过渡电阻值。

2. 定期组织清洁人员对地铁运行的全部线路轨道进行清扫,检查地铁系统的自来水管道及地铁系统道床附近可能埋有的城市自来水管道是否良好,始终保证地铁沿线干燥。地铁轨道的扣件及钢轨与道床之间的绝缘垫表面是否清洁干燥,如果存在油污、灰尘、铁屑等杂质应该及时处理干净,保证走行轨道相对大地的绝缘电阻值在安全范围内。

3. 实时监测杂散电流腐蚀参数,包括走行轨道相对大地电位差、走行轨道相对大地绝缘电阻值。如若发现轨道相对大地电位变化很大,则有可能是钢轨回流系统出现断裂或者脱落情况,应对全线轨道进行检查,有脱落应及时恢复连接,有断裂情况时焊接断点。如若发现轨道相对大地绝缘电阻值特别小,则应及时检查钢轨表面有无油污、污水、铁屑、灰尘等杂质破坏轨道对地的绝缘,及时采取措施保证走行轨道相对大地的绝缘。

4. 如若发现全线轨道相对大地绝缘电阻值全部降低，则不只是简单的轨道某处杂散破坏或者走行轨道相对大地绝缘程度下降，此时仅靠人工清扫和简单维护轨道线路是远远不足的，应该将全线牵引变电所的排流装置投入运行，及时排流。

5. 对杂散电流排流网进行定期检查和复查，如若发现排流网内部钢筋连接问题，如钢筋焊接断裂，连接螺栓腐蚀生锈等，应及时更换生锈螺栓，保证在排流系统投入运行时能够正常工作。

6. 定期检查沿线设置的回流线、均流线是否有断线事故，检查回流柜、均流箱是否正常工作。

7. 定期检查单向导通装置工作状态是否正常，特别是单向导通装置中的二极管、消弧装置、隔离开关等。

地铁系统是一项综合性的工程，需要多个专业相互协调、多种工种相互配合才能取得良好的效果。此外，从地铁的设计开始，设计单位严格遵守国家有关杂散电流防护的规定进行地铁线路及设备安装的设计；在地铁建造施工的过程中，有关施工单位严格按照设计单位的图纸施工，并且严格遵守有关施工规定；在地铁开通运行后，地铁公司严格地铁运行相关规定运营，实时监测地铁杂散电流泄露情况，及时对地铁各项设施进行维护。只有各个环节严格把关，才能保证地铁安全运行，为人们的出行带来更多的便利。

参 考 文 献

[1] 黄德胜，张巍. 地下铁道供电 [M]. 北京：中国电力出版社，2010.
[2] 于松伟等. 城市轨道交通供电系统设计原理与应用 [M]. 成都：西南交通大学出版社，2008.
[3] 北京市规划委员会. 地铁设计规范 [M]. 北京：中国建筑工业出版社，2013.
[4] 中华人民共和国住房和城乡建设部等. 城市轨道交通技术规范 [S]. 2009.
[5] 李晓江. 城市轨道交通技术规范实施指南 [M]. 北京：中国建筑工业出版社，2009.
[6] 何宗华. 城市轨道交通供电系统运营与维修 [M]. 北京：中国建筑工业出版社，2006.
[7] 宋奇吼，李学武. 城市轨道交通供电（第三版）[M]. 北京：中国铁道出版社，2012.
[8] 王艇. 地铁直流牵引供电保护技术与系统实现 [D]. 南京：江苏大学，2006.
[9] 林惠汉，凌文坚，吴世成. 24相轴向双分裂整流变压器 [J]. 变压器，2002（10）.
[10] 张殷. 轨道交通电力监控系统设计与应用 [D]. 上海：华东理工大学，2014.
[11] 张国碧，李家稳，郭建波. 我国地铁的发展现状及展望 [J]. 山西建筑，2010（33）.
[12] 中华人民共和国建设部. 城市公共交通分类标准 [S]. 2007.
[13] 中华人民共和国建设部. 城市公共交通常用名词术语 [S]. 1986.
[14] 国家技术监督局. 地铁直流牵引供电系统 [S]. 1989.